스피치 스타일링

나를 표현하는 예술

이고운 지음

스피치 스타일링

나를 표현하는 예술

이고운

말은 사람의 생각을 드러내고
생각은 그 사람의 운명을 만든다

- 벤자민 디즈레일리(영국의 전 총리) -

⚜

사람들은 당신이 한 말을 잊을 수 있지만
그 말이 그들에게 어떤 느낌을 주었는지는
절대 잊지 않는다

- 마야 안젤루(미국 시인, 작가) -

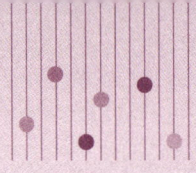

이 책에 쏟아진 찬사

이 책은 말을 유창하게 잘하는 방법을 이야기하지 않는다. 대신 있는 그대로의 나를 인정하고 나만의 색깔과 방식으로 사람들의 마음을 움직일 수 있는 '스피치 스타일링'을 이야기하고 있다. 이 책은 말을 잘하는 사람이든 못하는 사람이든 나의 진정성을 전달하여 청중의 마음을 움직이고 공감을 불러일으키면서 세상과 소통하게 하는 훌륭한 길잡이가 되어줄 것이다.

한양대학교 문화콘텐츠학과 교수, 김영재

말은 세상을 움직이는 힘이다. 하지만 제대로 다듬고 전달할 때 비로소 빛을 발한다. 이 책은 단순히 말하기 기술이 아니라 스피치의 스타일링을 통해 자신만의 목소리를 찾고 청중의 공감을 이끌어내는 스피치의 본질을 꿰뚫고 있다. 저자의 깊은 통찰과 경험에서 터득한 노하우를 통해 퍼스널 스피치 컬러를 찾을 수 있기를 바란다. 나만의 스피치를 디자인하고 싶은 모든 이들에게 추천한다.

YTN 앵커, 김정진

삶이라는 무대에 선다는 건 결국 내 안의 이야기를 건네는 일. 이 책을 읽는 동안 스피치와 예술을 감각적으로 엮어낸 작가의 시선에 나도 모르게 고개를 끄덕이며 빠져들었다. '나만의 매력'과 '콘텐츠'가 곧 힘이 되는 지금, 나다운 말하기가 내 무대의 가장 단단한 경쟁력이 되기를.

음악감독, 조해인

늘 말로 살아왔지만 이 책을 읽고 나서야 진짜 말하기가 시작됐다. 생각의 패턴을 디자인하고 말의 톤을 브랜딩하는 과정을 안내한다. 스피치계의 패션 잡지 《스피치 스타일링》과 함께라면 당신의 말도 딱 맞는 옷을 입게 될 것이다.

TV조선 기자, 앵커 홍연주

소위 '말로 벌어먹고 사는 직업'의 삶에게 스피치란 사람을 담는 일이었다. 나에게 가장 잘 어울리는 스피치를 입혀 세상과의 소통으로 안내해 주는 작가의 신선함이 돋보이는 책. 지금 나의 모습이 마음에 들지 않다면 스피치 스타일링으로 자신만의 색깔을 찾아보길 바란다. 낯설지만 처음 보는 아주 매력적인 내가 마주하고 있을지도 모른다.

CJ ONSTYLE 쇼호스트, 이재관

아티스트가 무대에서 각자의 개성을 담아 춤을 추듯, 목소리에도 저마다의 매력을 담는 스타일이 정말 중요하다. 본서『스피치 스타일링』은 내면에 숨겨진 움직임의 매력을 섬세하게 포착하고 가장 돋보이게 표현할 수 있는 스피치 스타일을 찾아주고 있다. 자신만의 리듬을 입은 목소리는 독자들을 더욱 특별하고 삶의 다양한 무대 위에서 오래도록 기억에 남는 사람으로 만들어 줄 것이다.

가수 '디에스터', 칸

| 프롤로그 |

    우리 각자는 가슴속에 고유한 이야기를 품고 살아간다. 마치 장대한 영화의 한 장면처럼 우리의 삶은 빛과 그림자가 공존하는 순간들의 연속이다. 그러나 우리는 때때로 그 이야기의 주인공임을 잊은 채, 타인이 만들어 놓은 시나리오 속에서 스스로를 조연으로 남겨두곤 한다. 특히 '말하기'라는 도구는 우리의 내면 깊은 곳에서 우러나오는 목소리를 세상과 연결시켜 줄 수 있는 다리임에도 불구하고, 그 다리의 중요성을 잊을 때가 있다.

    하지만 나는 믿는다. 누구에게나 자신만의 무대가 있다는 것을. 그리고 그 무대 위에서 각자의 목소리는 고유한 빛을 발한다는 것을. 목소리는 단지 소리를 내는 것을 넘어, 그 사람의 개성과 이야기를 상징한다. 마치 아름답게 디자인된 의상이 그 사람의 매력을 돋보이게 하듯, 목소리 또한 말이라는 표현을 통해 우리를 더 빛나게 만들 수 있다. 내가 『스피치 스타일링: 나를 표현하는 예술』을 집필하게 된 이유도 바로 이 때문이다.

이 책은 단지 말하기의 기술을 넘어, 당신의 목소리가 지닌 힘을 발견하고, 당신만의 방식으로 그것을 세상에 전할 수 있도록 돕기 위한 안내서다. 우리는 종종 자신의 목소리를 잊은 채 남들의 기대 속에 스며들지만, 그 안에 묻혀 있는 아름다운 이야기는 사라지지 않는다. 그것은 마치 필름 속에 잠재된 한 장면처럼, 빛을 만나기를 기다리고 있을 뿐이다. 나는 그 장면을 당신과 함께 발견하고 싶다. 그리고 그 장면이 세상 속에서 살아 숨 쉬며 당신의 이야기를 들려주길 바란다.

스피치 스타일링은 단순한 연출이 아니다. 그것은 당신의 삶에 맞는 가장 아름다운 옷을 입히는 작업이다. 잘 맞는 옷이 한 사람의 매력을 돋보이게 하듯, 적절한 스피치 스타일은 당신의 이야기를 더 선명하게, 그리고 더욱 독창적으로 전달한다. 목소리는 우리의 내면을 세상에 표현하는 도구이자, 당신만의 고유함을 보여주는 패션이다. 어떤 의상처럼, 목소리도 적절한 연출과 디테일을 통해 세상 속에서 당신의 존재를 더욱 빛나게 할 수 있다.

이 책은 당신이 마침내 주인공으로 서는 순간을 위한 여정의 첫걸음이다. 잠재된 목소리를 깨우고, 스스로의 이야기와 마주하며, 세상과 깊은 대화를 시작하는 시간이 되기를 소망한다. 당신 안의 목소리는 이미 충분히 빛나고 있다. 이제 그것을 드러낼 차례. 세상은 당신의 이야기를 기다리고 있다.

목차

이 책에 쏟아진 찬사 _ 6
프롤로그 _ 8

Part 1 스피치, 나를 표현하는 또 하나의 패션
나를 표현하는 예술, 스피치 스타일링 / 15
스피치 스타일링으로 부와 명예를 얻는 시대 / 20
나만의 스피치를 입은 스타, 그리고 인플루언서 / 25

Part 2 나만의 스피치 체형 측정하기
'말 속에 숨겨진 나'를 찾아서 / 33
나만의 스피치 체형, 장단점을 분석하라 / 38
말 습관 진단, 나를 알아가는 시간 / 44
말투 속에 숨겨진 나, 기질과 스피치의 연결 고리 / 51
말하기의 성격 '스피치 퍼스널리티' / 57

Part 3 퍼스널 스피치 컬러, 색다른 나를 만나다

퍼스널 스피치 브랜딩, 나의 말하기에 색채를 입히다 / 67

색채로 물들인 말의 힘 / 72

말의 색채를 고르는 연결의 감각 / 77

나만의 매력적인 스피치 컬러를 찾아라 / 84

Part 4 스피치에 패션을 입혀라

다양한 '말 요소'들의 조합

스피치는 원단 선택부터 꼼꼼하게 / 93

스피치 디자인, 스토리텔링의 힘 / 98

말의 액세서리로 스피치 스타일 완성 / 106

나만의 스피치 스타일을 펼치는 런웨이 / 112

Part 5 실전

TPO에 맞는 스피치 & 나다운 스피치 / 121

상황 별 스피치 스타일링 전략 / 130

명사들의 스피치 스타일링 따라잡기 / 145

반복이 만들어내는 완벽한 작품 / 157

부록 스피치 스타일링 4주 챌린지 / 165

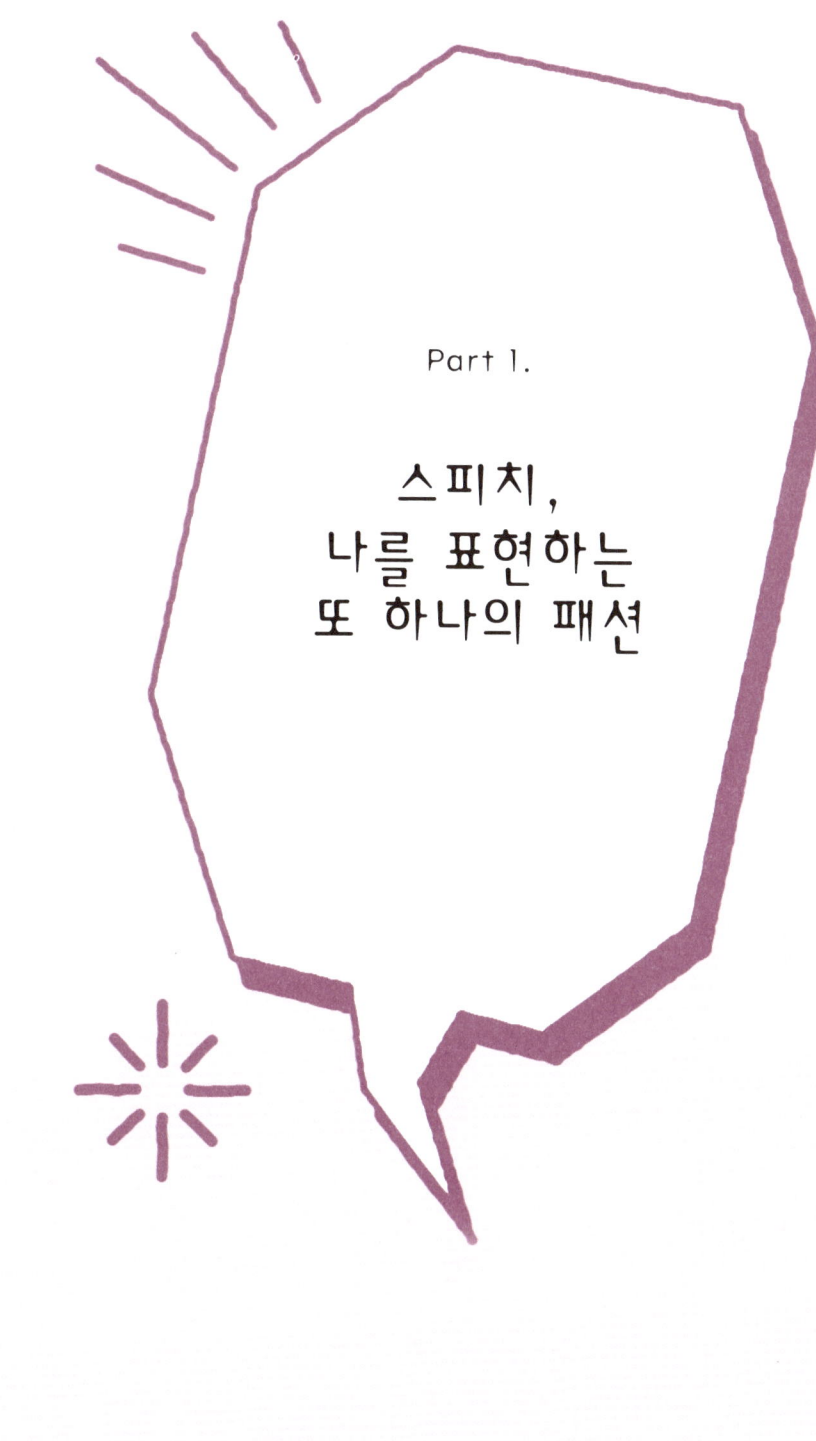

Part 1.

스피치,
나를 표현하는
또 하나의 패션

언어는 생각의 옷이다

루드비히 비트겐슈타인

나를 표현하는 예술, 스피치 스타일링

"앤드리아, 이 사진 말야. 모델 눈이 너무 흐릿해. 마치 사냥감을 노리는 매의 눈처럼 날카롭고 강렬한 눈빛이 필요해."

영화 '악마는 프라다를 입는다' 속 페이지 디자인 장면은 마치 살아있는 그림을 완성하는 듯한 긴장감으로 가득하다. 미란다 프리슬리는 냉철한 눈빛으로 페이지의 모든 요소를 분석하며 지시를 내린다. 그녀는 배경, 조명, 모델의 표정 하나하나까지 세심하게 살피며, 페이지의 모든 요소를 하나의 조화로운 구성으로 만들어 감탄을 자아낸다.

"모델의 머리카락은 좀 더 부드럽게 웨이브를 넣고, 립스틱 색깔은 버건디 계열로 바꿔봐. 배경은 너무 밝아. 좀 더 어둡고 고급스러운 느낌으로 바꾸고, 조명은 모델의 얼굴에 그림자가 드리워지도록 조절해. 마치 영화 포스터처럼 드라마틱하게 만들어야 해"라고 말하며, 하나의 완벽한 작품을 만들어나간다.

"이 페이지는 이번 시즌의 주제인 '어둠 속의 아름다움'을 표현해야 해. 모델의 눈빛은 그 주제를 가장 잘 보여줄 수 있는 요소야. 마치 밤하늘의 별처럼 깊고 신비로운 느낌을 주도록." 미란다의 지시는 단순히 디자인을 수정하는 것을 넘어 하나의 메시지를 전달하는 것이었다.

영화 '악마는 프라다를 입는다'에 영화 속 미란다는 패션 잡지의 표지를 결정하는 것만으로도 주변 사람들에게 강력한 인상을 남긴다. 그녀의 지시 하나하나가 정밀하고 모든 세부사항이 완벽하게 조화를 이루도록 신경을 기울인다.

자신만의 개성을 표현하기 위해 요소의 조합을 고민하는 것은 마치 스피치를 닮아있단 생각이 머릿속을 스쳤다. '스피치도 패션처럼 매일 새롭게 디자인할 수 있는 무한한 가능성을 가진 예술이다.' 기막힌 인사이트가 떠오르는 순간이었다.

칭찬 한 마디, 격려의 말, 심지어 사과할 때도 어떤 단어를 선택하고, 어떤 어투로 말할지 고민하는 것은 다양한 의상 아이템을 조합하여 하나의 스타일을 완성하는 노력과도 같다.

이제는 소통 능력과 발표가 유명인과 CEO 뿐만 아니라 우리 개인 사회생활의 경쟁력을 높이는 필수적인 요소로도 작용하고 있다.

"혹시 매운 음식 잘 드세요? 김치찌개 더 맵게 해드릴까요?"

심지어 근처 식당의 외국인 종업원 아주머니도 손님과의 따뜻한 소통을 위해 노력하는 모습을 보인다.

다양한 언어적 요소를 활용하여 메시지를 더욱 풍부하게 만들고, 상대방에게 강렬한 인상을 심어주려는 일상 속 말하기. 그 과정은 결국 '스피치 스타일링'이라는 이름으로 귀결된다. 우리는 매일 소통의 작품을 만들어내고 있다. 스피치 스타일링은 선택이 아닌, 필수조건이라는 사실.

나만의 '스피치 스타일'을 입다

스피치 스타일링은 단순히 아름다운 말을 구사하는 것을 넘어, 메시지 전달력을 극대화하는 가장 효과적인 방법이다.

대개 누군가를 처음 만났을 때, 상대방의 말투와 태도와 같은 스피치 스타일에서 첫인상을 받아들인다. 하지만 무턱대고 일관된 자신감과 중저음의 목소리, 환한 미소 등을 장착하려는 건 조금 묵은 접근법이다. 잘 생각해보면, 좋은 첫인상에 관한 기준은 상황과 대상에 따라 상대적일 수밖에 없다.

예를 들어 'ㅇㅇ솔로'와 같은 화제의 연애프로그램 속 첫인상 선택 장면을 떠올려보자. 화려한 조명 아래 서로를 처음 마주하는 순간, 출연자들은 저마다 가장 멋진 모습을 보여주기 위해 노력을 펼친다. 깔끔하게 정돈된 외모, 자신감 넘치는 태도, 그리고 매력적인 목소리와 개인기까지. 하지만 출연진은 물론 시청자들 또한 취향에 따라 첫인상의 기준은 저마다 엇갈린다.

능글맞고 유머러스한 첫인상이 인기를 끌기도 하고 수줍은 듯 진솔한 모습이 우선으로 다가가기도 한다. 프로그램 상에서, 그리고 시청자 댓글 가운데 첫인상 선택의 화살표가 이리저리 갈리는 까닭이다.

전문가들이 정의한 '좋은 첫인상'이라는 틀에 나를 끼워 맞추려고 애쓰지 말자. 마치 다양한 색깔을 조합하여 독창적인 미술작품을 만들어내듯 스피치 역시 다양한 요소를 조합하여 자신만의 개성을 드러내는 부분이 필요하다.

수줍음이 많은 사람은 굳이 자신감 넘치는 모습을 연출하려고 애쓰기보다는, 진솔한 모습으로 자신의 매력을 어필할 수 있는 방법을 찾으면 된다. 요즘은 강점과 개성을 살려 진솔하게 이야기하는 것을 매력적으로 느끼는 시대이다. 유머 감각이 뛰어난 사람은 재치 있는 말솜씨로 분위기를 밝게 만들고 깊이 있는 생각을 가진 사람은 진솔한 이야기로 공감을 얻는 식으로 말이다.

상황과 목적에 맞는 언어와 비언어적 요소를 유연하게 활용하면,

내가 전하고자 하는 이미지와 메시지를 효과적으로 전달할 수 있을 뿐만 아니라 상대의 집중력을 유지하고 호감도를 높이는 효과는 덤으로 따라온다.

스피치 스타일링의 세계로 첫 발을 내딛는 순간 우리 말은 더 이상 단순한 정보 전달을 넘어 강렬한 예술 작품으로 변모하게 된다.

기억하자. 당신은 자신만의 방식으로 메시지를 디자인하고 세상과 소통하고 있음을. "We are all artists!"

스피치 스타일링으로
부와 명예를 얻는 시대

"I have a dream"

마틴 루터 킹 목사의 "I have a dream" 연설은 단순한 연설을 넘어, 인류의 평등과 자유를 향한 끊임없는 노력을 상징하는 역사적인 순간이 되었다. 그의 연설은 오늘날에도 많은 사람들에게 감동과 용기를 주고 있으며 더 나은 세상을 만들기 위한 우리의 노력에 큰 영감을 불어넣고 있다.

"여러분, 지금 보시는 것은 단순한 화면이 아닙니다. 바로 여러분의 손가락이 만드는 새로운 세상입니다."

스티브 잡스의 프레젠테이션은 단순히 제품을 소개하는 것을 넘어, 혁신적인 아이디어를 통해 세상을 바꿀 수 있다는 비전을 제시하는 탁월한 스토리텔링의 장이었다. 그의 프리젠테이션은 마치 한 편의 영화를 보는 듯한 몰입감을 선사하며, 청중을 그의 세계로 완전히 끌어들였다는 평가를 받았다.

스피치 스타일링, 즉 말하기의 연출 방식으로써 인생이 바뀐 사람들의 이야기는 역사 속에서 끊임없이 회자되어 왔다. 단순히 정보를 전달하는 것을 넘어 감동을 주고 공감을 얻고 행동을 유발하는 능력! 이것이 바로 스피치 스타일링의 힘이다.

'말 한마디가 천냥을 번다'

너무도 익숙한 속담을 요즘스럽게 바꾸어 본다. 말 한마디로 천냥 빚을 갚기만 하는 게 아니라 이제는 만냥, 일억냥 이상을 벌기도 하니까 말이다. 익숙한 속담에서도 효율적으로 말하기는 예나 지금이나 성공의 필수 요소로 손꼽힌다.

과거에는 웅변가들이 정치 무대를 장악하고 카리스마 넘치는 리더들이 대중을 선동하며 시대를 이끌었다. 데모스테네스, 키케로와 같은 고대 웅변가들은 말 한마디로 전쟁의 승패를 결정하고 국가의 운명을 바꾸기도 했다. 근대에 들어서는 마틴 루터킹의 'I have a dream' 연설은 인종 차별에 맞서 싸우는 사람들에게 큰 용기를 주었고, 넬슨 만델라의 화해와 용서를 강조한 연설은 남아프리카공화국의 민주주의를 이끌었다.

그리고 바로 지금 디지털 시대의 스피치 스타일링은 단순히 말 잘하는 것을 넘어 개인의 매력을 드러내고 사회적 영향력을 확대하는 매우 강력한 도구로써 진화하고 있다. 그야말로 말의 힘이 무럭무럭 자라는 세상이다.

페이스북, 인스타그램, 유튜브 등 다양한 플랫폼에서 자신의 목소리를 전달할 수 있게 되었고, 짧고 강렬한 메시지가 사람들의 마음을 사로잡는 세상이다. 정치인의 한마디는 선거 결과를 좌우하고 기업 CEO의 한마디는 주가를 움직인다. 또한 SNS에서의 한마디는 여론을 형성하고 사회적 이슈를 만들어낸다.

특히 인플루언서와 유튜버와 같은 글로벌 직업군은 매력적인 목소리와 친근한 언변으로 수많은 팬을 확보하는가 하면 자신만의 콘텐츠를 통해 부와 명예를 얻는 효과도 얻는 등의 행보를 보인다.

억눌렸던 열정을 자유롭게 펼치고, 잠재된 가능성을 활짝 꽃피울 수 있도록 돕는 강력한 도구. 그리고, 세상을 향해 나아가는 용기를 북돋아 주는 힘. 자신의 목소리를 통해 세상을 변화시키고 싶은 사람들에게 스피치 스타일링은 꿈을 현실로 만들어주는 날개가 될 것이다.

스피치 스타일의 기본은 진정성

그렇다면 '진정한 스피치 스타일링'이란 무엇일까? 어떤 학습이든 근본을 먼저 생각하는 것은 매우 중요한 일이다. 우선은 진솔한 마음과 깊이 있는 사고를 바탕으로 이뤄져야 한다. 멋진 말과 화려한 언변만으로도 충분히 대중을 현혹시킬 수 있겠지만, 진정한 공감과 소통을 이루기 위해서는 진정성을 녹인 메시지가 꼭 필요하다.

거짓으로 꾸민 말들은 마치 도금된 가짜 금반지와도 같다. 겉 보기에는 화려하고 매력적일 수 있지만 점차 변질되며 실체가 드러나 가치를 잃어버리고 마는, 그야말로 비참한 최후를 맞이할 수밖에 없는 것이 세상의 이치다.

최근엔 가짜 뉴스가 사회적으로 떠오르면서 말의 진정성이 더욱 강조되고 있다. 클릭률을 높이기 위해 과장된 제목과 허위 정보를 담은 기사들이 넘쳐나고 이러한 가짜 뉴스는 사람들을 오도하며 자칫 사회를 혼란에 빠뜨리기도 하기에. 마찬가지로, 스피치에서도 진정성이 결여된 화려한 언변은 잠시 청중을 속일 수도 있지만, 결국에는 신뢰 잃은 공허한 메아리만 남길 뿐이다.

우리 개인이 명예와 부를 추구하는 과정에 있어서도 스피치의 진정성은 필수 요소일 수밖에 없다. 화려한 말로써 자신을 포장하고 과장된 성과를 내세우며 단기적 이익을 얻을 수는 있을지 몰라도,

실상 명예와 부는 오랜 시간 동안 쌓아온 신뢰와 믿음으로 말미암아 더욱 커질 수 밖에 없는 일이다.

진정성 있는 소통이야말로 단순히 부와 명예를 얻는 단계를 넘어, 시대를 움직이고 사회를 변화시키는 강력한 힘을 가진 도구이다. 진정한 가치는 겉으로 드러나는 화려함이 아니라, 어둠 속에서도 빛을 잃지 않는 빛나는 본질에서 비롯된다. 마치 밤하늘의 별처럼.

나만의 스피치를 입은 스타, 그리고 인플루언서

영화 〈킹스 스피치〉에 등장하는 조지 6세는 심각한 말더듬증을 겪고 있었지만, 전쟁이라는 위기 상황 속에서 국민에게 희망을 주는 연설을 해야만 했다. 단순히 좋은 내용을 전달하는 차원을 넘어, 국민들에게 진심을 전달하고 용기를 북돋아줄 수 있는 연설을 해야만 하는 상황에 놓인 것이다.

영화는 조지 6세가 말더듬증을 극복하고 훌륭한 스타 연설가로 거듭나는 과정을 통해 스피치 스타일링의 중요성을 드러낸다. 어눌했던 발음 교정에 성공하고, 자신감을 회복하며 자신만의 진짜 목소리를 찾는 여정을 따라가다 보면 관객들은 그와 함께 울고 웃는다.

자신의 약점을 극복해냄으로써 국민들에게 진심 어린 용기를 전달하고, 그들의 마음속에 깊은 인상을 남긴 조지 6세. 그의 목소리는 더 이상 불안과 두려움이 아닌, 희망과 결의에 차 있다. 결국 주인공의 연설은 단순한 언어의 나열이 아니라, 독창적인 예술 작품이 되어 대중에게 깊은 인상을 남겼다.

단순히 '말을 잘하는 것' 만으로는 불가능했다. 그의 목소리에는 진심과 용기가 담겨 있었고 이는 모든 국민들에게 깊은 감동을 주었다. 마치 잘 어울리는 한 벌의 옷을 갖춰 입듯, 조지 6세는 자신의 목소리로 감정을 표현하고 메시지를 전달했다. 그리고 다시 한번 깨닫는다. 단순히 말을 또박또박 잘하는 것뿐만 아니라, 어떤 목소리로 어떻게 전달하는지가 얼마나 중요한지를.

나만의 스피치, 나만의 브랜드

영화 〈킹스 스피치〉에서 조지 6세가 보여준 진정성 있는 소통은 오늘날 공인과 인플루언서들에게도 중요한 교훈을 시사한다. 나 또한, 아이돌 연습생과 방송 지망생들을 코칭할 때마다 자주 이 영화를 예시로 들어 교육하고 있다.

예전에는 TV 화면 속에서나 만날 수 있었던 신비 속의 스타들이 이제는 1인 미디어를 통해 우리 곁으로 바짝 다가선 느낌이다. 스마트폰 하나로 누구나 스타가 되는 세상이 도래하면서 '인플루언서'

라는 새로운 직업군은 과거의 스타들과 달리 '실시간 쌍방향'으로 대중과 소통하며 공감대를 형성하고, 때로는 사회에 영향력을 행사한다. 이제 이들은 단순한 유명인이 아닌, 자신만의 개성과 가치관을 가지고 대중과 소통하는 '소셜 스타'로 군림하고 있다.

이러한 인플루언서들의 가장 큰 특징은 '나만의 목소리'를 가지고 있다는 점. 똑같은 제품을 홍보하더라도, 각기 다른 인플루언서의 입을 통해 전달될 때 전혀 다른 결과를 나타낸다. 마치 배우들이 같은 대본을 가지고도 서로 다른 느낌을 만들어내는 모습과 비슷하다.

또한 인플루언서들은 자신만의 스피치 스타일을 통해 개인 브랜드를 구축한다. 고유의 언변은 인플루언서를 차별화하고, 팬덤을 형성하는 데 중요한 역할을 하는데, 어떤 이는 유머러스한 입담으로 대중을 웃게 하고, 또 다른 이는 진솔한 이야기로 공감을 얻기도 한다.

예를 들자면, 이스라엘의 나스 데일리는 여행과 문화계 유명 인플루언서로서 매일 1분짜리 짧은 영상을 통해 전 세계를 여행하며 다양한 문화를 소개한다. 그의 영상은 짧은 시간 안에 많은 정보를 전달하며, 다양한 문화에 대한 이해를 높이는 데 기여하는 모습이다.

그의 스피치 스타일은 우선 말투에서 찾아볼 수 있다.

"완전 신박! O M G! 정말 깜짝 놀랐어요. 와우 대박이죠?"

짧은 영상의 특성상 빠르고 경쾌한 말투로 시청자들의 집중력을 높인다. 신박한 질문과 흥미로운 이야기로 시청자들의 호기심을 자극하는 것 또한 특징이다. 방문하는 각 나라의 문화를 존중하며 긍정적인 시각으로써 풀어내는 언어 선택 또한 매력적인 스타일로 평가받는다.

미국의 패션 인플루언서인 리사 아제베도는 뛰어난 패션 감각뿐만 아니라, 자신감 넘치고 유쾌한 스피치 스타일로 많은 사랑을 받아왔다. 자주 자신의 유튜브 채널에서 솔직하고 재미있는 일상 브이로그(Vlog)를 공유하며 팔로워들과 소통하기도 한다.

그녀만의 차별화된 스피치 스타일은 각 옷에 담긴 스토리와 개인적인 경험을 담백하게 이야기한다. 전매특허의 유쾌하고 편안한 말투는 시청자들에게 친근감을 주고, 공감대를 형성하기에 충분하다. 또한 리사는 항상 밝고 긍정적인 에너지를 발산하며, 자신의 팔로워들에게 긍정적인 영향을 미친다. 누가 봐도 그녀의 스피치는 마치 친구와 이야기하는 것처럼 편안하고 자연스럽다.

이들뿐만 아니라, 지금 바로 이순간에도 수많은 SNS유저들이 라이브 방송을 통해 브랜드를 구축하는 중이다. 이것은 퍼스널 스피치 스타일링이 시대의 흐름을 반영하는 하나의 문화 현상으로 자리매김했음을 보여주는 증거이기도 하다.

단순한 유행을 넘어, 사회에 영향을 미치는 존재

인플루언서의 영향력은 단순히 소비 패턴에만 국한되지 않고 사회적 이슈에 목소리를 내고 현대 사회의 새로운 소통 방식을 제시하며 환경 보호, 동물 보호, 사회적 약자 지원 등 다양한 분야에서 자신의 영향력을 활용하여 사회에 기여하는 행보를 보인다.

이처럼 인플루언서의 힘이 날로 성장하고 있는 시대에 이들의 영향력과 책임감은 중요해지고 있다. 'OO 유튜버의 막말 논란'과 같은 사례에서 보듯이, 무분별한 발언은 개인뿐만 아니라 사회 전체에 부정적인 영향을 미칠 수 있다.

열심히 노력한 끝에 인플루언서라는 타이틀을 획득한 당신. 이제는 자신만의 목소리로써 세상을 더욱 아름답게 물들이자. 그리하여 더 빠르게 질주하자. 이렇게 잘 나가도 되나 싶을 정도로.

Part 2.

나만의 스피치
체형 측정하기

세상에 똑같은 꽃은 없다

생텍쥐베리

'말 속에 숨겨진 나'를 찾아서

　어릴 적, 보수적인 경상도 집안에서 자랐던 나는 '말대답은 나쁘다'는 가르침을 수도 없이 받았다. "어른이 말하시는데 어디서…" 그 무서운 말은 마치 주문처럼 내 머릿속에 각인될 수밖에 없었다. 어른들의 말에 반박하거나 의견을 내는 것은 불경한 행위였고, 늘 조용히 듣고 순순히 따르는 것이 미덕처럼 여겨졌다.
　하지만, 생각이 유독 많던 내 머릿속엔 끊임없이 물음표가 솟아나곤 했다. 때로는 부당하다고 느껴지는 일들에 대한 의문이 꼬리에

꼬리를 물었다. 그럼에도 불구하고 혼나는 게 두려워 억지로 입을 꾹 다물고 지내야만 했던 긴 시간들.

청소년이 되고 나니까 그간 억눌린 감정들이 하나 둘씩 폭발하기 시작했다. 부모님의 말씀에 종종 반박하고 싶은 충동을 느꼈고, 친구들과의 대화에서도 솔직한 의견을 내세우고 싶었다. 하지만 어릴 적부터 내재된 습관이란 게 얼마나 무서운 건지. 마치 입을 테이프로 봉한 듯 좀처럼 말이 나오지 않는 것이 아닌가. 항상 마음이 아쉽고 답답할 수밖에 없었다.

대학교에 입학하고 3학년이 될 때까지도 나는 늘 말보다 생각이 많은 아이로 지냈다. '발표울렁증'과 '할말없음증'을 겪던 나는 '지금 내가 정말로 나일까?'란 의심과 동시에 극복을 위한 도전 정신이 발동했다. 그것이 오늘의 내 직업을 만들어 준 하나의 물음이었다.

습관처럼 입술이 굳어있던 그 시절 나는 '내면의 세계에 갇혀 사는 것이 얼마나 외로운 일인가'를 자주 느끼곤 했다. 그리고 역시나 사회적 동물인 탓에 생각을 꺼내어 다른 사람들과 나누고 싶다는 욕구가 점점 생겨날 수밖에. 점차 말하기에 큰 관심을 갖게 되면서 나 스스로를 더욱 깊이 이해하는 기회를 가지기도 했다. 내 생각과 감정을 정리하고 표현하는 과정에서 자아성찰을 할 수 있었고 더 나은 방향으로 성장할 수도 있었다. '말은 연결과 성장의 도구'라는 사실을 몸소 깨닫는 시간들이었다.

말하지 않으면 잃어버리는 것들

생각을 제대로 표현하지 않으면 마치 아름다운 그림을 그려 놓고도 세상에 내보이지 않아 빛을 잃어버린 작품처럼, 우리의 생각 또한 가치를 얻기 힘들다.

또한 매일 우리의 생각은 끊임없이 변화하고 성장한다. 하지만 이러한 변화를 가만히 놔두면 마치 흐르는 물에 잉크 방울을 떨어뜨린 것마냥 흔적 없이 사라져 버릴지도 모를 일이다.

생각을 말하지 않음으로써 벌어지는 일은 그저 개인의 문제로 그치지 않기에 더욱 무겁게 다가온다. 단순히 자기 생각을 잃어버리는 것뿐만 아니라 다른 사람들과의 관계 형성에도 영향을 주기 때문이다. 내면을 솔직하게 표현하지 못하면 상대방은 우리의 마음을 이해할 수 없고 관계는 겉돌기 마련이다. 마치 닫힌 책과 같이, 마음 속은 어쨌거나 들여다볼 수 없지 않은가.

그러니까 말로써 표현하는 행위는 바로 생각의 흐름을 붙잡아 고정시키는 역할과 같다. 글이나 말로 표현된 생각은 기록으로 남아 언제든지 되짚어볼 수 있고, 다른 사람들과의 공유로써 가치를 발산하기에 소통의 시대를 누비는 요즘 사람들은 기록에 더욱 진심일 수밖에 없다.

뿐만 아니라 생각을 표현하지 못하면 스스로에 대한 신뢰마저 잃게 된다. 자신의 생각을 세상에 내보이는 것은 용기가 필요하다. 용기를 내지 못하면 자존감이 낮아지고 자신감을 잃게 된다. 무대 위에서 자신의 기량을 제대로 펼치지 못하는 배우처럼 우리는 스스로를 제대로 드러내지 못한 채 숨어버리는 모양새가 돼버리는 것이다.

말은 나를 담는 그릇이다

말은 단순히 소리를 내는 행위를 넘어 우리의 내면을 투영하는 거울과 같다. 마치 빈 그릇에 물을 담아 세상을 비추듯 우리의 말은 우리의 가치관과 개성을 세상에 드러내준다. 어떤 사람의 말은 깊은 우물처럼 묵직하고 진하다. 몇 마디의 말로도 상대의 마음을 울리고 생각을 깊게 만든다. 또 어떤 사람의 말은 잔잔한 시냇물처럼 맑고 투명하다. 복잡한 세상 속에서도 순수함을 잃지 않고, 따뜻한 위로를 건넨다.

그리고 또 어떤 사람의 말은 꽃밭처럼 화려하고 아름답다. 비유와 은유를 자유자재로 활용하며 상상력을 자극한다. 그릇의 크기와 모양에 따라 담을 수 있는 물의 양과 모양은 다르다. 그러니까 우리의 말은 저마다의 사고방식과 경험의 깊이를 반영하고 있는 것이다.

나는 매번 스피치 코칭 교육을 진행하면서 우리의 말 또한 저마다 고유한 색깔을 지니고 있음을 확인하곤 한다. 이는 우리가 살아온 환경과 그동안 만난 사람들, 그리고 경험한 일들이 모두 다른 까닭에서이다. 어떤 사람은 유년 시절부터 책을 많이 읽으며 사고력을 키웠고 어떤 사람은 다양한 사람들과의 만남을 통해 세상을 배우며 성장했을 것이다. 이러한 경험들은 우리의 사고방식을 형성하고 자연스럽게 우리의 말에 영향을 미칠 수밖에 없다.

한편으로 '말을 통해 자신을 드러내는 것'이 언제나 쉬운 일이 아님을 잘 알고 있다. 때로는 생각이 너무 사소하거나 부족하다고 판단되어 말을 꺼내기를 주저한다. 또한 사람들의 시선을 의식하여 진솔한 모습을 보여주기를 꺼리기도 한다.

하지만 정말 중요한 것은 완벽한 말을 구사하는 것이 아니라 진솔한 영혼을 담아 생각을 표현하는 자세란 점을 강조하고 싶다. 비록 서툴고 부족한 말일지라도 그 속에 담긴 진심은 다른 사람들에게 감동을 주고 공감을 얻는 결말로써 서사를 이끌곤 한다.

말을 통해 세상과 관계를 맺자. 나아가 파닥이며 숨쉬는 날 것의 자신을 발견해보자. 분명 단순한 소리가 아닌 내면의 소통으로 '진짜인 나'를 발견할 수 있을 테니까.

나만의 스피치 체형,
장단점을 분석하라

주목받는 아이돌 연습생 L양이 데뷔를 준비하면서 가장 중요하게 생각했던 것은 바로 '완벽한 무대' 뿐이었다. 꼼꼼한 성격 덕분에 안무와 노래 연습은 물론, 무대 매너까지 신경 쓰며 철저하게 준비했다. 이 과정에서 스피치 준비를 통해 무대나 예능 방송에서 대중과 소통하고, 그들의 마음을 사로잡는 것이 또한 생각보다 쉽지 않은 일임을 직감했다.

특히, 자기소개나 인터뷰처럼 신인으로서의 자신을 표현하는 일이 자꾸만 어렵게 느껴진다. 준비한 내용들은 머릿속에 가득차 있는데 정작 카메라 앞에선 말이 자꾸 꼬이고 지루한 설명만 이어진다. 스피치 선생님이나 지켜보는 동료 연습생들의 시선이 유독 부담스럽기까지 하다.

  L양의 강점인 꼼꼼함은 오히려 강박증을 유발시킨 것이다. 아무리 완벽한 정보를 가지고 있더라도, 그것을 자연스러우면서도 효과적인 방식으로 꺼내 보이지 못하면 의미가 없다. 마치 백과사전을 외운 듯 딱딱하고 지루한 설명은 대중의 이목을 끌기에 부족하기 때문이다.

  이러한 약점을 보완하기 위해 그녀는 수사 기법이나 정보를 나열하는 대신, 자신의 경험에 감정을 녹여내어 이야기를 만들었다. 자신의 부족함을 솔직하게 드러내는 말하기를 시도했을 땐 동료들의 입에서 환호의 리액션이 터져 나오기도 했다.

  "나는야 스피치계의 '말잇못' 전문가! 무대 위에 서면 갑자기 뇌가 정지되어는 마법에 걸린다니까. 마치 컴퓨터가 다운된 것처럼! 하지만 포기하지 않았지. 덕분에 이제는 긴장하지 않고 쬐끔 더 재미있게 말할 수도 있어. 챗봇 같이 뻣뻣했던 나는 이제 잊어줘! (웃음)"

  L양의 꾸준한 노력은 어떤 내용도 흥미롭게 전달할 수 있는 말하기 실력을 장착할 수 있었다. 꼼꼼함이 유발시킨 긴장감 탓에 딱딱한 자기소개도 이제는 자신감 있게 할 수 있게 되었고, 대중들과 즐겁게 소통하는 상상을 하며 매일 기대감에 차 있다.

무작정 말을 '조리 있게', '좋은 목소리'로 한다고 해서 좋은 스피치가 되는 것은 아니다. 스피치는 단순한 기술을 넘어, 청중과의 깊은 소통을 통해 공감대를 형성하고 메시지를 전달하는 예술에 가깝다. 마치 악기를 연주하듯, 목소리와 언어, 감정을 조화롭게 사용하여 청중의 마음을 울리는 것과 같다.

멋진 목소리와 화려한 말솜씨는 스피치의 겉모습을 아름답게 꾸며주지만, 진정한 아름다움은 청중의 마음을 움직이고 공감대를 형성하는 능력에서 나온다. 진정성 있는 이야기는 화려한 수사보다 더 깊은 감동을 선사하고, 청중의 감정을 이해하고 공감하는 능력은 스피치를 더욱 강력하게 만든다.

필자도 한때는 아이돌 연습생 L양처럼 꼼꼼함이 강박증을 유발시키는 유형의 학생이었다. 중요한 발표를 앞두고 완벽을 추구하다 보니, 오히려 더 긴장하고 실수하기 일쑤이던 시절. 작은 실수에도 크게 자책하며 스스로를 힘들게 했던 기억이 난다. 필자가 스스로 부족한 스피치를 한층 업그레이드 시키기 위해 분석했던 스피치의 강점과 약점은 다음과 같다.

- ■ 강점: 주제에 대한 소재 찾기, 문장 구성 및 스토리텔링 능력, 발성과 반듯한 태도

- 약점: 청중의 반응을 파악하고 이에 맞춰 말하는 능력 부족, 긴장하면 표정과 몸짓이 어색해지는 경향

그리고 강점, 약점 분석을 바탕으로 나는 다양한 노력을 기울였다. 먼저, 청중 분석을 함으로써 듣는 사람의 관심사와 수준에 맞는 내용을 준비했다. 또한, 연습 과정에서 가상의 청중을 상상하며 예상 질문을 하고 답변하는 연습을 반복했다. 그리고 긴장 완화를 위해 꾸준히 말하기 연습과 긍정적인 자기 암시 등 다양한 방법을 시도했다.

이처럼 '나의 어떠한 부분들이 스피치를 좌우할까?' 라는 질문과 분석은 미완성 그림에 색을 입히며 완성도를 높여가는 과정과도 같은 것. 스피치를 구성하는 다양한 요소들을 파악하고, 그 중에서도 개선해야 할 부분을 정확히 찾아내는 첫걸음이다.

객관적인 시각으로 자신을 분석하는 일은 단순히 부족한 부분을 채우는 것을 넘어, 자신만의 독특한 강점을 더욱 돋보이게 만들어 더 나은 스피커로 성장할 수 있는 기회가 되어 준다.

다음과 같이 구성된 스피치 요소 별 항목들을 체크하면서 나를 좀 더 객관적으로 살펴보는 것도 좋겠다.

스피치 강점과 약점 진단 체크리스트

항목	강점(매우 잘함)	보완 필요	약점(개선 요망)
언어적 요소			
어휘 선택			
문장 구성			
전달 속도			
목소리 크기			
발음			
논리적 구성			
설득력			
유머 활용			
비유 및 예시 활용			
비언어적 요소			
눈 맞춤			
표정			
제스처			
자세			
움직임			

스피치를 발전시키고 싶다면 먼저 자신을 객관적으로 파악하기 위해 스피치 영상을 녹화해 보자. 녹화된 영상을 보며 체크리스트를 하나씩 대조해 가면서 자신을 평가해 보거나, 주변 사람들에게 영상을 보여주면서 솔직한 의견을 구하는 것 또한 좋은 방법이다.

체크리스트에서 발견한 부족한 부분을 중점으로 연습하되 잘 하는 부분은 더욱 성장시켜 나갈 수 있으므로 방향성 진단에 제격이다. 이와 더불어 유튜브나 TED 강연처럼 다양한 스피치를 보면서 연사의 강점을 분석해보고, 나에게 어울리는 롤모델을 찾는 것도 좋겠다. 또한 이 체크리스트는 어디까지나 일반적인 기준이므로, 개인의 상황에 맞게 내용을 덧붙이거나 제외시킬 수도 있다.

나는 교육을 진행하면서 스피치 훈련과 마라톤의 평행이론을 종종 발견한다. 단숨에 목표 도달은 어렵지만 꾸준히 노력하면 누구나 발전할 수 있는 종목이다. 그러니까 자신의 '강약'을 진단한 뒤 꾸준히 연습하고 용기 있게 피드백을 받아 보자. 무엇보다 자신에 대한 믿음이 훌륭한 스피치를 탄생시킨다는 사실을 기억하면서. 나만의 강점에 더욱 힘을 실어주고 세상과 즐겁게 소통하며 더 나은 미래를 만들어 나가는 스피치 스타일링. 내 삶을 성장시키기 위한 설레는 여정에 동참하고 싶지 않은가. '자신의 강점을 발견하고 키우는 것은 인생의 가장 커다란 기쁨이다.' 유명 작가 스티븐 코비의 말처럼 말이다.

말 습관 진단,
나를 알아가는 시간

외숙모의 입에서 툭툭 튀어나오는 말투는 언제나 정겹다. 마치 갓 캐낸 채소의 흙냄새처럼 살짝 투박하고 거칠지만 그 속에는 삶의 정겨움과 따뜻함이 묻어 있다.

"꼬우이(고운이) 밥 다 뭇나?"

바로 옆에서 들려오는 사투리 억양 짙은 목소리는 들을수록 정겹다. 따스한 햇살이 가득 스며들던 외가의 시골집 방, 외숙모의 목소리는 따뜻하고 편안한 멜로디다.

젊은 시절, 궂은 일도 마다하지 않고 꿋꿋하게 살아온 외숙모의 삶은 투박하고 거친 말투 속에 세월의 흔적과 함께 삶의 지혜가 담겨 있다.

"사는 게 모 글치. 쉬운 게 어디 있겠노."

고등학교를 마치고 객지로 일자리를 알아보던 외사촌 언니는 인생을 다 살아본 듯이 내게 이런 저런 교훈을 전해주기도 했다. 약간 냉소적인 듯하지만 돌이켜 생각해 보면 은근히 따뜻한 위로가 되는 말들. 단순한 언어의 나열이 아니라 그 사람의 살아온 삶의 자취이자 고유의 향기. 외가 사람들의 말을 듣고 있으면 마치 그들의 삶을 함께 걸어온 듯한 착각에 빠지기도 했다.

시간이 흘러 이제 외가 사람들은 각자의 삶을 위해 타지로 뿔뿔이 흩어져버렸다. 하지만 내 마음속에는 그때 그 공기, 온도, 습도가 깊은 향기로 영원히 새겨있을 것이다.

외가 친척들의 정겨운 사투리, 말투가 곧 그들의 따뜻한 내면을 비춰주는 거울과도 같았다. 마치 익숙한 풍경처럼 곁에 항상 존재했기 때문에, 어린 시절에는 그 소중함을 모르고 살기도 했다. 외숙모의 투박하면서도 따뜻했던 "밥 다 뭇나?"라는 간단한 말에도 깊은 정이 담겨 있었고, 툭툭 내뱉는 듯하나 상대를 챙겨주던 외사촌의 말들은 일상을 살아가는 데 큰 힘이 되어주었다.

이렇듯 목소리는 단순한 소리의 집합이 아니라, 그 사람의 환경과 정체성을 드러내는 나무의 나이테와 같다. 삶의 흔적과 이야기가 고스란히 담겨 있어, 그 사람을 깊이 이해하는 단서가 되기도 한다. 어떤 사람은 부드럽고 감미로운 목소리로 상대방을 편안하게 만들고,

또 어떤 사람은 쩌렁쩌렁한 목소리로 강한 인상을 남긴다.

어투 또한 마찬가지다. 정중하게 존댓말 하는 사람, 반말을 자주 하는 사람, 딱딱하고 공식적인 어투로 말하는 사람 등 다양한 사람들이 존재한다. 이렇듯 우리는 매일 다양한 사람을 만나 수없이 듣고 말하고 있거늘 정작 나 자신의 목소리, 어투, 말습관을 깊이 생각해본 적은 있을까? 우리집 텃밭에서 손수 가꾸는 채소처럼, 이제는 우리 말투도 정성껏 키워야 할 소중한 자산으로 여겼으면 좋겠다.

첫 단추, 말 습관 진단부터 꿰기

자신의 말을 객관적으로 바라보는 것은 자신을 이해하고 발전시키는 데 중요한 첫 단추가 된다. 과연 자신의 목소리와 어투를 객관적으로 들여다본다는 것은 어떤 의미일까? 마치 거울 앞에 서서 오늘의 아웃핏을 세세하게 점검하듯, 우리의 말 습관을 진단하는 것은 스스로를 더욱 깊이 이해하는 첫걸음이라고 생각하면 된다.

내가 사용하는 말은 단순한 소리의 나열이 아니라, 내 생각과 감정, 그리고 깊숙한 내면을 반영하는 거울과도 같다. 말투 하나, 어투 하나에도 나의 성격과 가치관이 스며들어 있다. 그렇기에 자신의 말을 면밀히 분석하면 마치 숨겨진 자아를 발견하는 듯한 흥미로운 경험을 하게 된다.

또한 말 습관 진단은 단순히 자신을 이해하는 차원을 넘어, 더 나아가 타인과의 관계를 개선하는 데에도 첫 단추가 되어 준다. '당신은 효과적인 의사소통의 시작을 알고 있는가?' 이 질문에 답을 할 수 있는 사람이 그리 많지는 않다.

정답은? 상대방에게 맞는 말투와 어투를 사용하는 것! 나의 말 습관을 파악하고 상대에 따른 스타일링이 가능해지면 더욱 원활하고 만족스러운 대화를 이끌어낼 수 있기 때문이다. 뿐만 아니라 말 습관 진단은 자신감 향상의 시작점이기도 하다. 자신감 있는 목소리와 어투는 타인에게 긍정적인 인상을 심어주고, 나 스스로에게도 큰 힘이 된다.

그렇다면 어떠한 방법을 통해 나의 말 습관을 진단하는 것이 좋을까? 녹음을 가장 먼저 추천하고 싶다. 녹음은 자신의 말 습관을 파악하는 가장 객관적이고도 효과적인 방법 중 하나. 녹음된 파일을 통해 나의 말 습관을 객관적으로 진단할 수 있다. 마치 의사가 환자의 상태를 진단하듯, 녹음된 목소리를 분석하며 문제점을 찾아낸다. 발음은 정확한지, 속도는 적절한지, 어조는 자연스러운지, 추임새는 얼마나 자주 사용하는지… 꼼꼼하게 나의 말 습관을 체크하며 개선점을 찾아나간다. 그리고 녹음된 파일을 통해 다음과 같은 습관들을 자세히 살펴 볼 수 있다.

자주 사용하는 단어와 표현

- 긍정/부정: 긍정적인 단어와 부정적인 단어의 비율을 비교해 보고 부정적인 단어를 자주 사용한다면 긍정적인 표현으로 바꿔보는 연습을 하면 좋다.
- 반복되는 단어: 특정 단어를 자주 반복적으로 사용하는지 확인한다. 같은 의미를 다른 표현으로 바꾸어 말하는 연습을 해 보자.
- 비속어 사용 빈도: 비속어 사용 빈도를 확인하고, 상황에 맞는 적절한 표현으로 바꾸어 사용할 수 있도록 노력하자.
- 채움말 사용 빈도: '음', '어', '그러니까'와 같은 채움말을 얼마나 자주 사용하는지 확인해 보자. 채움말 사용을 줄이고, 말을 더 명확하게 전달할 수 있도록 연습한다.

말하는 속도와 음량

- 말하는 속도: 너무 빠르거나 느리게 말하는 습관이 있는지 확인해 보고 적절한 속도로 말하는 연습을 해 나간다.
- 음량: 너무 크거나 작게 말하는 습관이 있는지 확인한다. 상황에 맞는 적절한 음량 조절을 해나간다.
- 억양: 말의 억양이 단조로운지, 아니면 다양한 억양을 사용하는지 체크하자. 억양을 다양하게 사용하면 더욱 생동감 있는 표현이 가능하다.

말투의 특징

- 존댓말, 반말 사용: 관계에 따라 적절한 존댓말과 반말을 사용하는지 확인해 보자.
- 강조하는 부분: 어떤 부분을 강조하는지, 어떤 단어에 힘을 주어 말하는지 확인한다.
- 끊어 읽기: 문장을 매끄럽게 연결하여 말하는지, 아니면 끊어 읽는 습관이 있는지 파악한다.

말 습관과 상황의 연관성

- 다양한 상황에서의 말투: 가족, 친구, 직장 동료 등 다양한 상황에서의 말투를 비교해 본다. 상황에 맞는 적절한 말투를 사용하고 있는지 체크한다.
- 감정 상태에 따른 말투 변화: 기분 좋을 때와 나쁠 때 말투를 비교해보자. 감정에 휩쓸려 말하는 습관을 개선할 수 있도록 노력한다.

위의 항목과 같이 녹음 파일을 꼼꼼히 분석하고 나만의 말 습관을 파악하며 개선해 나가다 보면, 분명히 자기 성장을 위한 소중한 시간을 마주할 것이다. 더불어 다음 질문들에 대한 답을 찾아가는 시간을 가져보자. 단언컨대, 분명 더 나은 나를 만날 수 있을 것이다.

나의 목소리는 어떤 느낌을 전하는가?

따뜻함, 차가움, 편안함, 긴장감 등 어떤 느낌을 전달하는지 스스로 평가한다. 목소리의 톤, 속도, 크기, 억양 등을 고려하여 객관적으로 평가한다. 주변 사람들에게 나의 목소리에 대한 솔직한 피드백을 요청한다.

나는 어떤 말을 자주 사용하는가?

습관적으로 사용하는 단어나 문장, 추임새 등을 파악한다. 긍정적인 표현, 부정적인 표현, 특정 주제와 관련된 단어 등 자주 사용하는 어휘를 분석한다. 자신의 말 습관이 타인에게 어떤 인상을 주는지 생각해 본다.

나는 어떤 상황에서 말이 어색해지는가?

낯선 사람과의 대화, 발표, 회의 등 특정 상황에서 말이 어색해지는지 파악한다. 긴장, 불안, 자신감 부족 등 어떤 감정이 말의 어색함을 유발하는지 분석한다. 말이 어색해지는 상황을 극복하기 위한 연습 방법이나 전략을 생각해 본다.

나는 어떤 목소리를 내고 싶은가?

자신이 이상적으로 생각하는 목소리 톤, 속도, 크기, 억양 등을 구체적으로 정의한다. 롤모델로 삼고 싶은 사람의 목소리를 분석하고, 자신의 목소리에 적용할 수 있는 부분을 찾아본다. 목표로 하는 목소리를 만들기 위해 어떤 연습을 해야 하는지 계획을 세운다.

말투 속에 숨겨진 나, 기질과 스피치의 연결 고리

"저는 말이 좀 빨라서 문제예요. 친구들이 항상 따발총처럼 말한다고…."

영업사원 S씨는 항상 흥분하면 말이 빨라져서 주변 사람들이나 고객이 따라오기 힘들어한다. 단순히 말의 속도가 문제인 것처럼 보이지만 그의 성격이 반영된 독특한 스피치 스타일이다. S씨는 새로운 아이디어를 떠올리면 참지 못하고 바로 표현하고 싶어 하는 성격의 소유자이다.

"말을 할 때 손짓을 많이 하게 돼요. 마치 그림을 그릴 때처럼."
K씨는 말을 할 때 손짓을 자주 사용하여 자신의 생각을 더욱 생생하게 표현하는 스타일이었다. 단순한 몸짓이 아니라 그의 생각을 시

각적으로 보여주는 하나의 언어이기도하다. K씨의 직업 또한 예술 디렉터로서 감각이 뛰어나고 스피치 또한 그의 예술적인 감각이 고스란히 담겨있다.

'말투 속에 내 성격이 들어있다고?' 우리에게 흥미로운 화두를 던져준다. 마치 거울 앞에서 자신의 모습을 비추듯, 말투는 우리의 내면을 투영하는 또 하나의 거울이다.

어느 날 유튜브에서 모녀가 함께 출연하는 영상을 보게 되었다. 딸은 "할머니께서 옛날부터 '얘는 말투부터가 엄마를 쏙 빼닮았네'라고 하셨어요. 그땐 그저 할머니의 재미있는 말씀이라 여겼지만, 시간이 흐르면서 점차 제 말투가 어머니와 닮아 있다는 것을 깨달았죠."라고 말하며 웃었다.

짧고 명료한 표현, 그리고 때로는 다소 과장된 어투까지. 어머니의 유머러스한 성격이 딸의 말투에 고스란히 녹아 있는 모습이 인상적이었다.

유튜브 콘텐츠 속 여성처럼, 우리 모두는 저마다 타고난 목소리 DNA를 가지고 있다. 단순히 소리의 높낮이와 빠르기만을 의미하는 것이 아니라 말하는 방식, 어휘 선택 그리고 억양까지 포함한 복합적인 요소까지 포함해서 말이다.

목소리가 단순한 소통의 도구가 아니라 우리의 내면을 가늠케 만드는 하나의 지표라면?

우리의 말투 하나에 타고난 성격, 가치관, 그리고 생각하는 방식이 녹아 있다면?

퍼스널 브랜딩, 그리고 스피치 스타일링을 위한 핵심이 담겨있기도 한 고유의 목소리. 그렇다면 성격에 따른 스피치의 모양새는 각각 어떻게 다를까. 아래 내용을 살펴보며 나의 성격과 스피치 스타일을 가늠해보자.

외향적인 성격

- 소통을 즐기고 활발하게 의견을 개진한다.
- 말투가 명쾌하고 자신감이 넘치며 청중과의 눈맞춤을 자주 한다.
- 스피치 시에도 적극적으로 참여하고 분위기를 주도한다.

내성적인 성격

- 신중하게 생각하고 깊이 있는 내용을 전달하려고 한다.
- 말투가 차분하고 논리적이며, 객관적인 사실에 기반하여 이야기한다.
- 스피치 상황에서 긴장하기 쉽고, 준비된 내용을 중심으로 발표하는 것을 선호한다.

낙관적인 성격
- 긍정적으로 생각하고 밝고 유쾌한 분위기를 조성한다.
- 말투가 부드럽고 긍정적이며, 희망찬 메시지를 전달한다.
- 스피치 시에도 긍정적인 에너지를 발산하며 청중을 격려한다.

비관적인 성격
- 부정적인 측면에 집중하고, 비판적인 시각을 가지고 있다.
- 말투가 조심스럽고 회의적인 면이 있으며, 문제점을 지적하는 경향이 있다.
- 스피치 시에도 비판적인 시각을 드러내거나 부정적인 예측을 한다.

외향적이고 낙관적인 성격
- 관계를 중요하게 생각하며 긍정적인 분위기를 만들고싶어 한다.
- 스피치 시에도 청중과의 교감을 중시하며 유머를 사용하거나 질문을 통해 참여를 유도한다.

내성적이고 비관적인 성격
- 혼자만의 시간을 선호하고, 깊이 있는 사고를 즐긴다.
- 스피치 시에도 객관적인 데이터나 사례를 제시하며, 논리적인 주장을 펼친다.

다양한 기질에 따라 스피치 스타일은 확연히 다르게 나타난다. 그러나 기질이 스피치 스타일을 온전히 결정하는 것은 아니다. 기질은 스피치 스타일의 밑그림을 그리지만, 그 그림을 채워나가는 것은 우리 자신이기에 의식적인 노력을 통해 이 그림을 더욱 아름답게 만들 수도 있다.

내성적인 사람이라도 꾸준한 연습을 통해 자신감 넘치는 발표를 할 수 있고, 논리적인 사람도 감성적인 표현을 더해 더욱 풍부한 스피치를 만들어낼 수 있다. 이 사실은 교육을 진행할 때마다 느끼지만, 내심 놀라운 부분이 아닐 수 없다.

한편 '기질과 스피치'의 연결이 다소 생소할 수도 있다. 하지만 요즘 우리에게 익숙한 MBTI 소통 트렌드가 있지 않은가.

A: 안녕하세요! 저는 INFJ인데, B님은 어떤 유형이세요?

B: 오, 저는 ENFP예요! 좀 활발하고 사람 만나는 걸 좋아하는 편이죠.

A: 아, 그렇군요! 저는 좀 조용하고 내성적인 편이라 ENFP 분들과 대화하면 항상 에너지를 얻는 것 같아요.

B: 저도 INFJ 분들과 이야기하면 깊이 있는 대화를 할 수 있어서 좋아요.

MZ들의 대화 패턴만 본다 하더라도, 이미 많은 사람들이 자신과 타인의 기질을 이해하고 이를 바탕으로 소통 방식을 고려한다는 방증을 얻는다. 특히 MBTI 성격 유형은 말하는 방식과 연출에도 큰 영향을 미친다는 점에서 스피치 스타일링과 연관 지을 만한 도구로 추천하고 싶다.

'단순한 소리의 나열을 넘어 우리의 존재 자체를 이야기하는 것은 어떤 의미일까?' 오늘도 하나의 생각을 키워 본다. 우리 기질을 목소리에 투영하며 자신만의 세계를 구축해 나가는 울림에 대해서, 그리고 더 많은 이들을 초대하고 싶어진다. 삶의 새로운 지평을 여는 스피치 스타일링의 세계로.

말하기의 성격
'스피치 퍼스널리티'

"당신은 당신이 생각하는 대로 된다." 오프라 윈프리의 이 한 마디는 언제 들어도 가슴에 와닿는다. 마치 깊은 울림을 가진 종소리처럼 그녀의 말은 우리의 마음속 깊은 곳에서부터 메아리처럼 울려 퍼진다.

특히 오프라의 토크쇼를 통해 많은 이들이 그녀의 따뜻한 말투와 공감 능력에 감동을 받는다. "여러분도 느끼시겠지만 우리는 모두 같은 인간입니다. 서로의 이야기를 듣고 공감하며 함께 성장할 수 있습니다." 오프라는 매번 청중과의 소통을 중시하며 공감대를 형성하고 친밀감을 높이는 데 중점을 둔다.

오프라 윈프리는 단순한 방송인을 넘어, 문화 아이콘이자 사회운

동가로 자리매김했다. 그녀의 말 한 마디 한 마디는 많은 사람들에게 영향을 미치며, 특히 여성과 소수자들에게 큰 힘이 되고 있다. "우리의 목소리를 내는 것은 중요합니다. 여러분의 이야기를 세상에 들려주세요."라고 말하며 많은 이들에게 용기와 희망을 심어주었다.

'스피치 스타일'이라는 개념을 전개해 나가면서 가장 먼저 머릿속에 떠오른 여성은 오프라 윈프리였다. 그녀의 목소리는 마치 따뜻한 햇살처럼 사람들의 마음을 편안하게 만들고 동시에 강력한 메시지를 전달하며 변화를 이끌어낸다. 감성과 지성, 거기에 더해 공감까지 가미된 그녀의 스피치는 그야말로 예술이다. 공감을 형성하면서도 동시에 사회 문제를 날카로운 시각과 통찰력으로 청중들에게 생각할 거리를 던져주고 변화를 위한 행동을 촉구한다.

마찬가지로 오프라윈프리처럼 나 또한 감성과 지성이라는 두 날개를 펼친 스타일로써 교육생들에게 좀 더 가까이 다가가고 싶어진다. 단순한 지식 전달을 넘어 그 안에 담긴 가치를 함께 나누고 그들의 잠재력을 일깨워 변화로 이끄는 것이 내 교육의 목표점이기에.

또한 말하기에 대한 어려움을 몸소 극복한 경험을 바탕으로, 콤플렉스에 갇힌 이들에게 따뜻한 위로와 공감을 전하고도 싶은 나.

나의 스피치 퍼스널리티는 어떤 유형일까?

오프라 윈프리와 같은 유명인 뿐만 아니라, 우리 모두는 세상에 단 하나밖에 없는 고유의 목소리를 가지고 있다. 이와 더불어 말하는 방식은 개성을 드러내는 가장 확실한 증거이다. 자신의 스피치 스타일을 파악하기 위해서 다음과 같은 질문을 던져보고 그 답변을 통해 자신이 어떤 스피치 유형에 속하는지 파악해보자. 한 가지 유형에만 국한될 필요는 없으며 여러 유형의 특징을 복합적으로 가지고 있을 수도 있다.

나는 어떤 상황에서 가장 편안하게 말할 수 있는가?
나는 어떤 방식으로 사람들에게 영향을 미치고 싶은가?
나는 어떤 종류의 이야기를 가장 좋아하는가?
나는 어떤 피드백을 가장 많이 받는가?

이제부터 스피치 스타일을 4가지 유형으로 나누어 자세히 살펴보면서 각 유형의 특징과 예시를 통해 나만의 스피치 스타일을 분석해보자. 스피치 스타일은 크게 카리스마형, 논리형, 관계형, 감성형으로 구분할 수 있다.

1. 카리스마형 스피치

자신감 넘치는 목소리와 확신에 찬 태도로 청중을 압도하며 강력한 메시지로 강렬한 인상을 남기는 것이 특징이다. 이들은 주로 리더십을 발휘하거나 큰 무대에서 자신의 의견을 피력할 때 빛을 발한다.

"우리는 달에 갈 것입니다. 이번 십년 안에 달에 가기로 결정했습니다. 쉽기 때문이 아니라 어렵기 때문에 그 목표가 최고의 에너지와 기술을 조직하고 측정하는 데 기여하기 때문에, 그 도전이 우리가 기꺼이 받아들일 수 있는 도전이기 때문에, 미루고 싶지 않은 도전이기 때문에, 그리고 반드시 승리하고자 하는 도전이기 때문에."

특징: 자신감, 강한 목소리, 확신에 찬 태도, 리더십, 강력한 메시지 전달
예시 직업군: 종교지도자, 기업 임원, 코치 등

2. 논리형 스피치

논리형 스피치는 명확한 논리와 근거를 바탕으로 주장을 펼치는 것이 특징이다. 데이터와 사실을 제시하며 설득력 있는 주장을 전개하며 청중에게 신뢰감을 준다.

"기후 변화는 더 이상 미룰 수 없는 문제입니다. 지난 100년 동안 지구의 평균 온도가 1도 상승했으며, 이는 해수면 상승, 극심한 기

상 현상 등 다양한 문제를 야기하고 있습니다. 과학자들의 연구 결과에 따르면 이러한 현상은 인간 활동으로 인한 온실가스 배출이 주요 원인입니다. 따라서 우리는 지금 당장 온실가스 감축을 위한 노력을 기울여야 합니다."

특징: 논리적 사고, 데이터 기반 주장, 명확한 설명, 신뢰감

예시 직업군: 공무원, 변호사, 연구원 등

3. 관계형 스피치

관계형 스피치는 청중과의 소통을 중시하며, 공감대를 형성하고 친밀감을 높이는 데 중점을 둔다. 따뜻하고 부드러운 목소리로 이야기를 전달하며 청중과의 유대감을 강화한다.

"함께라면 못할 일이 없지 않을까요? 우리는 서로 협력하고 지지하며 더 나은 미래를 만들어갈 수 있습니다. 과거의 어려움을 극복하고 새로운 도전을 향해 나아가는 과정에서 우리는 서로에게 가장 큰 힘이 되어 주었습니다. 앞으로도 우리는 서로의 손을 맞잡고 함께 성장해 나갈 것입니다."

특징: 공감 능력, 친근한 태도, 소통 능력, 유대감 형성

예시 직업군: 상담가, 영업사원, 사회복지사 등

4. 감성형 스피치

감성형 스피치는 생생한 표현과 감정을 담아 청중의 마음을 움직이는 것이 특징이다. 생동감 넘치는 스토리텔링과 감성적인 어투로 청중의 공감을 이끌어낸다.

"가장 어두운 밤이 지나면 가장 아름다운 새벽이 온다는 말처럼, 인생에는 힘든 시기도 찾아오지요. 하지만 절망 속에서도 희망을 잃지 않는다면, 반드시 빛나는 날이 올 거예요. 마치 밤하늘을 수놓는 별들처럼, 우리 안에는 언제나 빛나는 가능성이 존재하니까요."

특징: 생동감 있는 표현, 감성적인 어투, 스토리텔링, 공감 유발

예시 직업군: 서비스직, 작가, 배우 등

이렇듯 객관적인 지표로써 자신의 스피치 유형을 파악하는 것은 마치 자신만의 맞춤형 열쇠를 찾는 것과 같다. 집집마다 각기 다른 열쇠로 문을 열 듯, 자신에게 맞는 스피치 스타일을 이해하면 더욱 효과적으로 소통할 수 있다.

예를 들어, 카리스마 넘치는 리더십으로 사람들을 매료시키는 이들은 리더십을 발휘하는 자리에서 빛을 발하며, 따뜻한 공감 능력으로 사람들을 끌어당기는 이들은 관계 형성에 탁월한 능력을 보여준다.

한편 반드시 기억해야 할 것은 스피치 스타일은 고정이 아니라는 점이다. 마치 살아있는 유기 생명체처럼, 우리의 스피치 스타일은 끊임없이 변화하고 성장한다. 그러므로 다양한 경험을 통해 새로운 스피치 기법을 배우고, 꾸준한 연습과 피드백을 거듭하면 얼마든지 자신만의 매력적인 스타일을 만들어 나갈 수 있다.

"이 세상에 똑같은 꽃은 없다." 생텍쥐페리의 말처럼, 우리 모두는 저마다 다른 매력을 지닌 꽃이다. 꽃이 자신만의 고유한 아름다움을 피워내듯, 우리도 각자의 스피치 스타일을 발산할 수 있다.

Part 3.

퍼스널 스피치 컬러, 색다른 나를 만나다

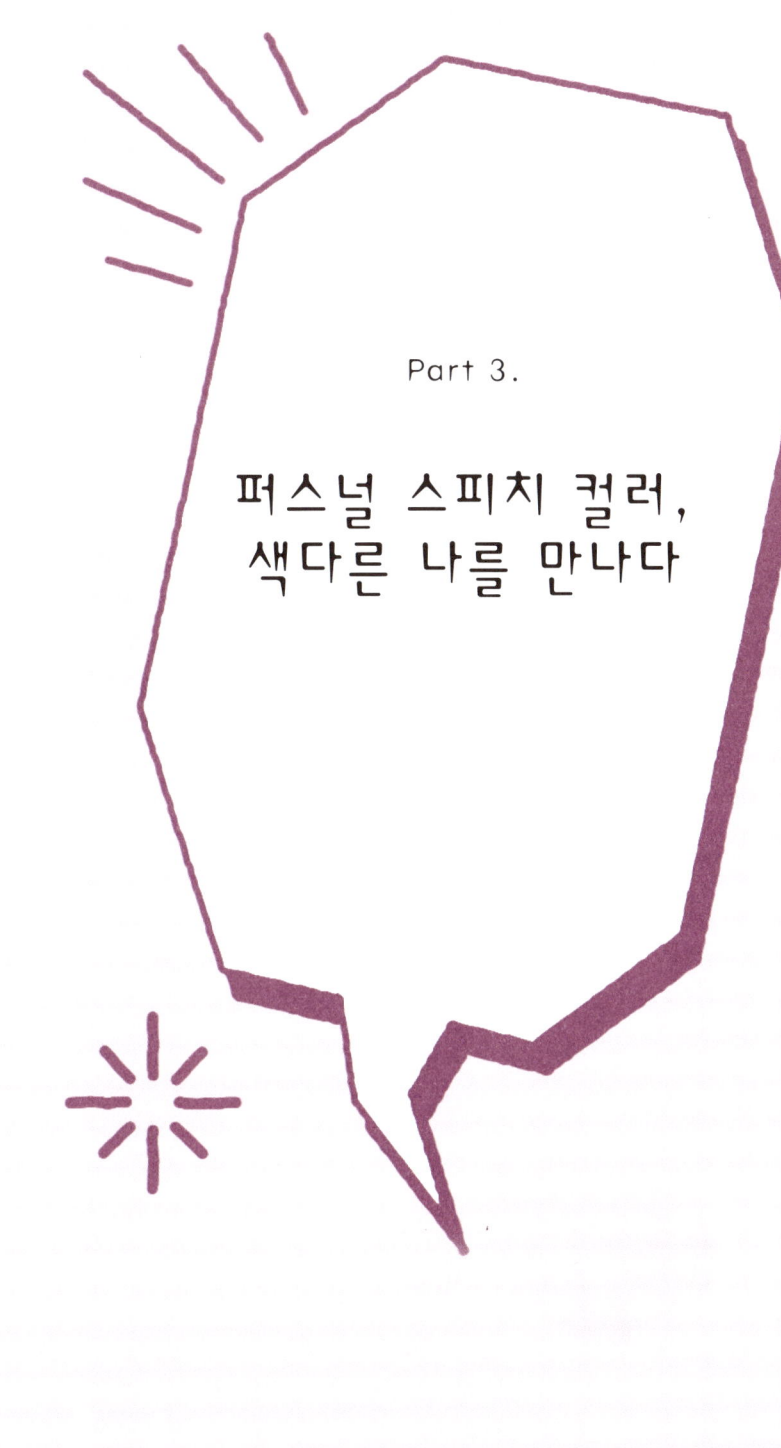

세상에 단 하나뿐인
나만의 색깔을 내보여라

코코 샤넬

퍼스널 스피치 브랜딩, 나의 말하기에 색채를 입히다

"강단은 캔버스, 당신의 강의는 그 위에 칠해지는 물감입니다."

한때, 교수법 강의에서 이 말을 듣고 내심 깊은 공감을 할 수밖에 없었다. 마치 화가가 다양한 색깔을 팔레트에 짜놓고 자신만의 그림을 그리듯 강사는 말이라는 도구를 통해 자신만의 개성 넘치는 강의를 만들어갈 수 있다는 뜻이었다.

대학 강의를 할 때 나는 아나운서처럼 정갈한 말투와 시사프로 같은 수업 느낌 때문에 고민이 많았다. 아무리 좋은 내용이라도 흥미롭지 못한 스피치로는 학생들의 마음을 사로잡기 어려웠기 때문이다. 그래서 '나만의 스피치 컬러'를 찾기 위해 부단히 노력을 기울였다. 이를테면 유명 강사들의 강연을 분석하며, 그들의 목소리 톤,

억양, 말하는 방식을 꼼꼼히 기록하는 식이었다. 특히 한 스타 강사의 유머러스한 비유와 재치 있는 표현을 보면서 입이 떡 벌어지곤 했다. 마치 마법사가 주문을 외듯 청중들은 그의 말에 귀를 기울였고 웃음꽃이 피어났다.

한차례 자극을 크게 받은 이후로 '나도 저렇게 재미있게 말할 수 있을까?' 라는 생각에 강의에 유머를 가미하는 모험을 시작했다. 처음에는 어색했지만, 점차 나만의 유쾌한 색채가 묻어나는 것을 느꼈다. 어려운 개념은 일상생활의 사례로 비유하고 지루한 내용에는 재미있는 에피소드, 학생들 사이 유행인 콘텐츠를 덧붙여서 말이다.

그 결과는 놀라웠다. 학기 말 강의 만족도 평가에서 높은 점수를 얻고 수강신청의 일명 '광클'을 이끄는가 하면, 학생들과의 유대감도 강화될 수 있었다. 수업을 통해 인연을 맺은 몇몇 학생들은 졸업하고 사회에 진출한 뒤에도 꾸준히 연락을 주고받으며 소중한 인연을 이어가고 있다.

'와, 세상에… 이렇게나 많은 강의와 강사가 있구나!'
강사의 길을 처음 걷기 시작했을 때, 우선적인 장벽은 막막함이다. 나는 그저 막연, 그리고 막힘이었다. 수많은 강의 속에서 나만의 존재감을 드러내려면 단순히 정보 전달을 넘어 나만의 색깔을 입힌 스피치가 필요했다. 즉, 스피치를 통한 퍼스널 브랜딩이 필요했다. 청중에게 오래 기억되는 강사가 되기 위해서는 나만의 매력적인 스피치 스타일, 즉 '스피치 컬러'를 가미하는 것이 스스로의 과제였다.

  과제를 수행하는 과정은 한마디로 넓은 망망대해에 보잘것없이 작은 배를 띄우는 느낌이었다. 수많은 강사들이 비슷한 주제로 강의를 하고 있었고, 나만의 차별화된 스피치 컬러와 스타일을 만드는 일이 좀처럼 쉽지 않은 일. 그렇지만 꾸준한 시도를 거듭한 끝에 마침내 나는 '나만의 스피치 컬러'를 만날 수 있었다. 이후로 꾸준히 대형 엔터테인먼트사에서 아이돌, 배우 코칭 교육을 전담하며 나만의 강의 분야 또한 더해질 수 있었다.

  그렇다면 나는 어떻게 나만의 스피치 컬러를 찾을 수 있었을까? 첫째, 나를 깊이 이해하는 시간이 필요했다. 내가 원하는 스피치 스타일은 무엇인가? 어떤 말을 할 때 가장 쉽고 즐거운가? 나의 강점과 약점은 무엇인가? 이러한 질문들을 통해 나만의 고유한 색깔을 찾아 나가야 했다.

  예를 들어 나는 복잡한 내용도 간결하고 흥미롭게 설명하는 스타일을 원하고 있었다. 그리고 평소 연예트렌드와 이슈에 관심이 많았기 때문에 관련 이야기를 곁들이는 것에 즐거움을 느꼈다. 반면 새로운 정보를 찾아내고 공유하는 것에 집중하다 보니 교육생의 의중을 살피는 일과 소통을 소홀히 하는 경우가 있었다. 좀 더 청중에 관심을 기울이고 함께 페이스를 맞추며 대화를 나누는 연습이 필요했다.

둘째, 타겟 청중을 명확히 설정해야 했다. 누구에게 어떤 메시지를 전달하고 싶은가? 청중의 니즈를 파악하고, 그들에게 맞는 스토리텔링과 예시를 준비해야 했다. 나의 경우, 10~30대의 젊은 교육생들을 만나는 경우가 많았기 때문에 좀 더 트렌디한 기획과 자료가 필요했다.

셋째, 새로운 시도를 두려워하지 않았다. 유행하는 비속어, 줄임말, 짤, SNS 밈 등을 적극적으로 활용하며 강의 스타일을 만들어갔다. 물론 처음에는 어색하고 부자연스러운 느낌이 들었지만, 꾸준히 시도하면서 강의에 맛을 더하는 MSG 분량을 알게 되었다. 실습 때는 '오늘의 베스트 스피커'를 선출하는 익명 투표를 진행하면서 흥미를 돋우기도 했다.

넷째, 끊임없이 배우고 성장해야 했다. 독서와 더불어 여러 강사들의 강의를 보며 새로운 지식과 인사이트를 얻었다. 또한, 청중의 피드백을 적극적으로 수렴하여 나의 강의를 개선해 나갔다.

이렇듯 강의에 나만의 스피치 컬러를 더해가는 과정이 말처럼 쉽진 않았지만, 그만큼 값진 경험이었다. 그리고 꾸준한 노력 끝에 나만의 색깔을 가진 강사로 성장하여 책을 집필하고 교육생 뿐만 아니라 수많은 독자들과 함께 성장할 수 있게 되었다는 사실에 큰 보람을 느낀다.

심해에서 보물선을 찾아 헤매는 탐험가처럼 나만의 스피치 컬러를 찾아 떠나는 여정은 흥미진진하다. 물론 때로 거센 파도에 휩쓸리는 고비도 존재하지만, 포기하지 않고 나아간다면 결국 목표를 이룰 수 있다.

  이제 이 책을 통해 더 많은 사람들이 자신만의 스피치 컬러를 발견하면 좋겠다. 따스한 봄바람이 민들레 홀씨를 퍼뜨리듯 여러분의 색채가 사회 곳곳에 퍼져나가기를 바라며.

색채로 물들인 말의 힘

"오늘, 저는 여러분에게 세 가지 놀라운 새로운 제품을 소개하고자 합니다." (검은색 배경에 하얀색 글씨로 제품이 소개되는 화면과 함께, 당찬 어조로 발표)

스티브 잡스는 흑백에 가까운 단순한 의상, 특히 검은색 터틀넥으로 유명했다. 이는 그의 발표에 강한 인상을 남겼고, 퍼스널 브랜드를 확립하는 데에도 큰 역할을 했다. 잡스의 프레젠테이션은 마치 예술 작품처럼 완벽하게 구성되었고, 검은색 의상은 그 중심에 서 있는 그의 모습을 더욱 돋보이게 만들었다. 마치 뉴턴이 사과가 떨어지는 것을 보고 만유인력의 법칙을 발견했듯, 잡스는 단순한 검은색 터틀넥으로 강렬한 인상을 남기고 기술 발표의 역사를 새로 썼다.

"Yes we can. Yes we can. Yes we can!" (푸른색 조명 아래에서 열정적인 어투로 연설)

버락 오바마는 미국 역사상 첫 흑인 대통령이 된 후, 승리 연설에서 희망과 통합을 강조했다. 이 연설에서 오바마가 사용한 푸른색 배경은 희망과 변화를 상징했다. 푸른색은 또한 민주당의 상징색으로 오바마의 정치적 소속을 드러내기도 했다. 푸른색은 오바마의 승리 연설에 긍정적인 에너지를 불어넣었고 미국 국민들에게 희망을 주었다.

색채를 버무린 맛깔나는 연출은 청중에게 강렬한 인상을 남기고 자신의 메시지를 더욱 효과적으로 전달하는 도구이다. 색은 단순히 시각적인 요소를 넘어 우리의 감정과 사고에 깊은 영향을 미친다. 명사들은 개성을 연출하는 방법으로 색깔이 가지는 상징성을 이용하는 패턴을 보인다. 예를 들어 과학 분야 강연에서는 푸른색의 전문적인 색감과 차분한 어투가 신뢰감을 향상시키는 데 기여한다. 푸른색은 안정과 신뢰를 상징하며, 차분한 어투는 복잡한 과학적 개념을 명확하게 전달하는 데 도움을 준다. 예술 분야 강연에서는 밝고 화려한 색상과 톡톡 튀듯 경쾌한 어투가 창의적인 분위기를 조성한다. 다채로운 색상은 상상력을 자극하고, 활기찬 어투는 예술적 영감을 불어넣는다.

말의 색깔이 만들어내는 우리 일상

'그들은 그럴 필요가 있으니까!' 유명인, 명사들의 스피치 컬러 전략이 그저 그들의 영역이라 치부한다면 정말로 오산이다. 찬찬히 더듬어보면 우리 모두는 이미 일상생활에서 흑백이 아닌, 다양한 색채로 스피치를 하고 있기 때문이다.

"여러분, 이 잔에 담긴 것은 단순한 와인이 아닙니다. 한 해 동안 우리가 불태웠던 열정과 도전의 순간들, 그리고 앞으로 나아갈 용기입니다. 붉은 빛처럼 뜨겁게 타올랐던 한 해였습니다. 새해에는 더욱 뜨거운 열정으로 새로운 목표를 향해 나아가길 바라며, 건배!" 연말에 외치는 대표님의 붉은빛 건배사는 분위기를 달아오르게 만들 수밖에 없다.

"하얀 눈이 내리는 겨울날, 엄마 품에 안겨 하얀 세상을 바라보던 기억이 아직도 생생합니다. 마치 하얀 도화지 위에 그림을 그리듯, 엄마는 제 삶에 아름다운 추억들을 가득 채워주셨어요." 부모님께 드리는 손글씨 편지에도 따스한 색채가 묻어난다.

어떤 날은 푸른 하늘처럼 맑고 시원한 목소리로, 또 어떤 날은 붉은 장미처럼 열정적인 어조로 말을 건넨다. 때로는 검은 먹물처럼 진지하고 묵직한 말을 던지기도 하고, 햇살처럼 따스하고 부드러운 말로 상대방의 마음을 어루만지기도 한다. 이처럼 우리 모두가 매일의 소통 속에서 저마다 스피치 팔레트를 펼쳐나가고 있다는 사실이 항상 흥미롭게 느껴진다.

말의 색채는 다른 잣대로써 크게 긍정과 부정의 개념으로 구분해 볼 수도 있다. 긍정적인 말은 마치 햇살처럼 주변을 밝게 비추고, 명도가 높은 따뜻한 분위기를 만들어낸다. 반대로 부정적인 말은 채도가 낮은 암흑처럼 주변을 캄캄하게 만들고, 냉랭한 분위기를 조성한다. 채도와 명도가 높아 용기를 북돋아 주는 말, 그리고 반대로 좌절감을 안겨주는 탁하디 탁한 색채의 한 마디.

나는 커뮤니케이션과 색채에 관한 수업을 진행 할 때, 가장 먼저 '색채가 가지는 의미'를 도표로써 작성해보는 실습을 진행하곤 한다. 색채와 커뮤니케이션의 연결성을 느껴보고, 간단한 스피치에 접목해 볼 수도 있는 좋은 방법이다.

색깔	일반적인 의미	긍정 / 부정
빨강	열정, 에너지, 사랑, 분노	긍정, 부정 둘 다
주황	따뜻함, 활력, 즐거움	긍정
노랑	희망, 낙관, 행복, 경고	긍정, 부정 둘 다
초록	평화, 인정, 성장, 질투	긍정, 부정 둘 다
파랑	신뢰, 인정, 슬픔, 차가움	긍정, 부정 둘 다
보라	고급스러움, 신비로움, 슬픔	부정
검정	권위, 슬픔, 부정	부정
흰색	순수, 깨끗함, 공허함	긍정, 부정 둘 다

위 도표에 나열된 색깔의 의미처럼, 우리말은 단순히 소리를 내는 행위를 넘어 세상을 다양한 색채로 물들이는 강력한 힘을 가지고 있다. 그리고 스스로 중요한 질문을 하게 만든다. '오늘 나는 말의 힘을 어떻게 사용했을까?', '요즘 내가 사용하는 말은 긍정적인 색채를 띠고 있을까?' 이는 평소 나 자신에게 끊임없이 던지는 중요한 화두이기도 하다.

푸른 바다, 붉은 노을, 하얀 눈송이… 유치원에서 들려오는 구연동화는 마치 눈부시게 아름다운 그림책을 펼쳐 놓은 듯, 선명한 색채로 가득하다. 생생한 표현들이 아이들의 상상력을 자극하고, 하루하루를 흥미진진하게 만들어 준다.

그렇다면 어느새 어른이 되어버린 나의 말은? 가끔 생각하는 건데 빛이 바랜 희뿌연 사진처럼 좀 밋밋하고 표현이 심심하게 느껴지기도 한다. 어쩌면 '말의 힘'을 잊고 사는 것은 아닐까. 다시금 어린 시절처럼 다채로운 언어로 세상을 표현하고 내 마음을 생생하게 전달해 보고 싶어진다.

말의 색채를 고르는
연결의 감각

　코카콜라 광고를 보면 늘 빨간색이 눈에 들어온다. 톡 쏘는 탄산음료의 시원함을 표현하는 듯한 붉은색은 코카콜라를 상징하는 색이 되었다. 단순한 색깔이 아닌, 코카콜라의 브랜드 정체성을 보여주는 강렬한 시각적 언어인 것이다.

　광고 속 모델의 말투 역시 빨간색만큼이나 늘 인상적이다. 젊고 활기찬 목소리로 "짜릿하게! 코카콜라!"라고 외치는 모습이 우리 마음을 설레게 한다. 이는 단순히 제품 홍보를 넘어, 젊음과 열정, 그리고 즐거움을 함께 나누고 싶어 하는 코카콜라의 메시지를 담고 있다.

　빨간색과 톡 쏘는 말투, 이 두 가지 요소는 어떻게 연결될까? 빨간색은 시각적으로 강렬한 자극을 주어 우리의 시선을 사로잡는다.

마치 톡 쏘는 탄산음료가 입안 가득 퍼지는 짜릿함처럼, 빨간색은 우리의 감각을 자극하고 기분을 좋게 만든다.

 모델의 말투는 빨간색이 주는 시각적인 자극을 더욱 강화한다. 짧고 강렬한 어조는 코카콜라의 톡 쏘는 맛을 생생하게 전달하며, 청량감 넘치는 이미지를 연출한다. 또한 젊고 활기찬 목소리는 젊은 세대의 공감을 얻고 코카콜라를 젊음과 열정의 상징으로 만들어 준다.

 코카콜라 광고에서 빨간색과 톡 쏘는 말투는 단순히 제품을 홍보하는 수단을 넘어, 하나의 문화 코드로 자리잡았다. 빨간색, 그리고 '짜릿하게!' 라는 말을 들으면 자연스럽게 코카콜라를 떠올리게 되는 것은 이때문이다.

 병뚜껑을 따는 순간 톡 쏘는 탄산과 함께 감각이 차오르는 그 느낌, 왠지 모르게 활력이 넘치고 시원한 쾌감은 뭘까? 코카콜라 광고는 '색깔의 힘'을 보여주는 대표적인 예로 자주 쓰인다. 단순히 맛과 색깔의 조합을 넘어, 우리의 감정에 직접적으로 영향을 미치는 효과를 낸다.

 이처럼 색깔은 우리의 감정에 직접적으로 영향을 미치고 특정한 이미지를 연상시키는 강력한 도구이다. 기업은 이러한 색깔이 내뿜는 에너지를 이용하여 브랜드 이미지를 구축하고 소비자들과의 연결을 이어간다.

파란색은 신뢰와 안정감을, 노란색은 밝고 긍정적인 이미지를, 그리고 검은색은 고급스러움과 세련됨을 연상시킨다. 색깔 하나가 브랜드의 가치를 좌우하기도 한다.

마찬가지로 우리가 일상에서 사용하는 언어에도 상황에 따라 힘을 달리하는 색채가 존재한다. 마치 화려한 옷을 입듯 우리의 말에도 다양한 색깔과 분위기를 입힐 수 있다. 예를 들어, 칭찬을 할 때는 따뜻하고 부드러운 톤으로, 비판을 할 때는 솔직하고 담백한 톤으로 말하는 것처럼, 우리는 상황에 맞춰 말의 색깔을 조절할 수 있다.

이때 우리는 단순히 정보 전달을 넘어, 우리의 생각과 감정을 효과적으로 전달하고 싶어 한다. 화가가 캔버스에 다양한 색을 조합하여 그림을 완성하듯, 우리도 우리의 말에 다양한 색깔을 입혀 더욱 풍부하고 생동감 넘치는 메시지를 전달할 수 있기 때문이다.

즉, 스피치 컬러는 우리가 전달하고자 하는 메시지의 톤, 분위기, 그리고 상대방에게 주는 인상을 결정짓는 중요한 전략이 된다. 상황에 맞는 스피치 컬러를 선택하는 것은 성공적인 커뮤니케이션을 위한 필수 요건이라고 해도 과언이 아니다.

얼마 전 내게 스피치 코칭 교육을 받은 K 원장은 소아청소년 진료소 개원을 앞두고 스피치 컬러에 관해 고민 중이었다. 그녀는 진단이나 치료와 같은 실력면에선 능숙했지만, 한 가지 확신이 부족한 부분이 있었다. 바로 어린 환자와 부모님들과 대면했을 때의 말투이다.

좀더 이야기를 들어보니 어릴적부터 조금 직설적이고 무미건조하다는 평판을 들었다고 한다. 진단을 해보니까 "검사가 필요해요." 또는 "○○가 천식으로 진단되네요. 계획은 이렇습니다." 전반적인 느낌이 효율적이었지만 따뜻함이 부족했다. 그러니까 말은 분명했지만 '색채'가 없었다. 스스로도 그 점을 아쉽게 여기며 자신의 어투로 인해 고객들이 차갑거나 무관심하게 느낄까봐 걱정이 한창이었다. 그래서 자신과 같은 전문가의 상황에 맞는 어투, 즉 화법이라고 부르는 것에 관심을 가지고 스피치 코치를 찾게 됐다고 했다.

"단어 자체는 흑백 스케치와 같아요. 사실을 전달하기만 할뿐, 사람들이 아무것도 느끼게 만들지 않는, 그러니까 환자와 실제로 소통하려면 톤, 따뜻함, 공감이라는 말의 색상을 추가해야 하는 거죠."

K원장은 마치 새로운 세상을 발견한 듯 눈을 반짝였다. "색상이요? 제 말투에는 어떤 색상을 더하면 좋을까요?"라는 질문에, 나는 이렇게 답했다. "예를 들어, 어린이에게 말할 때 말투는 파스텔 색상처럼 부드럽고 온화해야 해요. 걱정스러운 부모라면 당신의 목소리는 황금빛처럼 따뜻하고 위안을 줄 수 있어야 하고요."

코칭받은 후, 그녀의 목소리에 온기어린 색채가 조금씩 묻어나기 시작했다. "너무 걱정하지 마세요. 천식은 관리가 가능한 질환이니까요. 올바른 치료를 통해 얼마든지 정상적이고 건강한 삶을 영위할 수 있습니다. 치료 오실 때마다 저희가 각별히 신경써 드릴게요."

불안해하는 환자와 보호자를 상상하며 목소리를 부드럽게 하고, 말하는 속도를 늦추고, 어조에 따뜻함을 더하는 센스를 금세 발휘하는 것이 아닌가. 이전에는 자신의 말을 색깔 개념에 대입한 적이 없었지만, 이제는 상황과 어투의 색채에 관한 개념을 완벽하게 이해할 수 있게 됐다고 한다.

그녀의 목소리는 더 이상 정보를 전달하는 것이 아니라 끌림의 힘을 발휘한다. 말은 여전히 명확하되, 부드러운 오렌지색 빛처럼 따뜻하고 위안을 주는 채색으로 고객들을 대하고 있기에 만족도 역시 높을 수밖에 없다.

K원장의 사례와도 같이 말에는 색채와 톤이란 것이 존재한다. 대표적인 상황과 그에 적절한 톤은 어떤 색깔이어야 할까? 아래는 스피치의 색채를 갈래 별로 구분한 내용이다. 계속 살펴보면서 내 말에 색채를 함께 비춰봐도 좋겠다.

따뜻한 햇살 같은 색채

마치 따뜻한 햇살이 비추는 봄날처럼, 부드럽고 따뜻한 톤의 스피치는 상대방에게 편안함과 안정감을 준다. 칭찬이나 격려를 할 때, 혹은 긍정적인 분위기를 조성하고 싶을 때 이러한 톤을 사용하면 효과적이다. 예를 들어, 후배를 격려하는 말을 할 때는 "네가 이룬 성과에 정말 자랑스럽다. 앞으로도 멋진 모습 기대할게"와 같이 부드럽고 칭찬을 아끼지 않는 표현을 사용하는 것이 좋다.

차분하고 깊이 있는 색

깊은 바다처럼 차분하고 깊이 있는 톤은 신뢰감을 주고 중요한 메시지를 전달할 때 효과적이다. 발표나 프레젠테이션에서 복잡한 내용을 설명하거나, 진지한 주제를 다룰 때 이러한 톤을 사용하면 청중들의 집중력을 높일 수 있다. 예를 들어, 사업 계획을 발표할 때는 "저희는 이 프로젝트를 통해 고객 만족도를 극대화하고, 시장 점유율을 확대할 것입니다"와 같이 명확하고 논리적인 표현을 사용하는 것이 좋다.

활기차고 밝은 색채

마치 햇살 가득한 푸른 하늘처럼, 활기차고 밝은 톤은 분위기를 띄우고 사람들을 긍정적으로 만들어 준다. 회식 자리에서 즐거운 분위기를 만들거나, 팀원들과의 소통을 원활하게 하고 싶을 때 이러한 톤을 사용하면 좋다. 예를 들어, 팀 회식 자리에서 "오늘은 다 같이 즐거운 시간 보내요!"와 같이 밝고 긍정적인 표현을 사용하면 분위기를 더욱 화기애애하게 만들 수 있다.

신중하고 조심스러운 색채

민감한 주제를 다루거나, 상대방의 감정을 헤아려야 할 때는 신중하고 조심스러운 톤을 사용해야 한다. 비판적인 의견을 전달하거나, 어려운 상황을 설명할 때 이러한 톤을 사용하면 상대방의 마음을 상하게 하지 않고 원활한 소통을 할 수 있다. 예를 들어, 동료의 실수를 지적할 때는 "○○님, 너무 잘 해주셨는데 이 부분만 조금 더 보강해주시면 되겠어요"와 같이 부드럽고 조심스러운 표현을 사용하는 것이 좋다.

말의 색채로 마음을 잇는 예술

말의 색깔은 곧 연결의 예술이다. 걱정스러운 친구를 위로하거나, 칭찬을 건네는 순간, 우리의 말은 단순한 소리가 아닌, 깊은 연결을 만들어내는 마법과 같은 힘이 된다. 따뜻한 위로가 필요할 때는 부드럽게, 자신감을 심어줘야 할 때는 확고하게 캔버스에 색을 칠하듯, 말이라는 붓으로 상황과 관계를 아름답게 물들일 수 있는 것이다.

당장 나의 일상 속 대화를 되돌아보자. 매일 사용하는 색깔이 단조롭고 칙칙하지는 않은가? 상황에 맞는 말의 색깔을 다양하게 보유할수록, 단순한 대화를 넘어 진심으로 소통하는 경험은 더욱 늘어날 것이다.

대화가 끝난 후에도 오랫동안 기억될 만한 흔적을 남기고 싶다면? 이제부터 내 말의 색채에 더욱 관심을 기울여 보자.

나만의 매력적인
스피치 컬러를 찾아라

    평소 목소리 톤이 높고 말이 빠르다는 이야기를 자주 들었던 A씨는 중요한 프레젠테이션에서는 항상 긴장했고 자신감 없어 보인다는 평가를 받았다. 하지만 스피치 강의를 통해 자신의 목소리가 가진 장점과 단점을 객관적으로 파악하고 톤을 낮추고 속도를 조절하는 연습을 시작했다.
    처음에는 어색했지만 꾸준히 연습한 결과 A씨는 더욱 차분하고 안정적인 스피치를 선보일 수 있었다. 중요한 미팅에서도 침착하게 자신의 의견을 전달할 수 있게 되면서, 동료들의 신뢰를 얻고 리더십을 발휘하게 되었다.

회의 시간이면 조용히 자신의 의견만 말하던 B씨. 어느 날 그는 우연히 참석한 스피치 강좌에서 자신의 목소리가 얼마나 작고 밋밋한지를 깨달았다.

"저는 항상 회의 때 말하는 것을 꺼렸어요. 목소리가 작아서 제 의견이 제대로 전달되지 않을까 봐 걱정했죠. 강좌에서 다양한 발성 연습을 하면서 자신감을 얻었고, 특히 저음의 묵직한 목소리가 제 강점이라는 걸 알게 됐어요."

B씨는 강좌에서 배운 내용을 바탕으로 회의 때 더욱 자신감 있게 발표하기 시작했다. 묵직하면서도 명확한 저음은 그의 말에 무게감을 더했고, 동료들은 그의 의견에 더욱 귀를 기울이게 되었다.

단순한 목소리, 어투의 변화를 넘은 값진 경험적 사례이다. 평소 교육생들이 스피치 컬러를 찾는 과정에서 내면의 성장, 리더십 향상, 삶의 만족도 증가 등 다양한 측면에서 긍정적인 변화를 경험했다는 후기를 받을 때면 코치로서 정말 커다란 보람을 느낄 수밖에 없다.

스피치 강의를 처음 시작하던 무렵에는 단순히 발음과 억양 교정에 기술적으로 집중하곤 했다. 하지만 곧 깨달은 커다란 사실 하나가 있었다. 바로 교육생들을 만나면서 단순한 기술 훈련을 넘어, 그들의 내면을 변화시키는 더 큰 역할을 하고 있다는 것이다.

어떤 학생은 스피치 연습으로 자신감을 얻고, 면접에서 합격하여 오랫동안 꿈꿔온 직업을 얻었다. 또 다른 학생은 자신의 생각과 감정을 명확하게 표현하는 법을 배우고 대인관계가 개선되었다고 말했다. 이러한 변화를 보면서 나는 스피치 컬러가 단순한 기술을 넘어 자아를 발견하고 성장 도구로 쓰여지는 것을 확신할 수 있었다.

자신만의 스피치 컬러를 찾는 과정은 내 안에 숨겨진 진귀한 보물을 찾는 경험이다. 우리는 모두 저마다 고유한 목소리와 개성을 가지고 있으나 의외로 많은 사람들이 자신의 목소리를 제대로 활용하지 못하고 꽁꽁 숨겨놓고 살아간다.

단, 명심해야 할 부분이 있다. 스피치 컬러를 찾는 일은 없던 색을 만들어 끼워넣는 성대모사나 연기와 같이 다른 인격체인양 표현하는 것이 아니라는 점이다. 평소 자신의 목소리에 귀기울이고, 그 안에 담긴 가능성을 발견하는 과정이기 때문에 더 의미가 깊을 수밖에 없다.

그렇다면 지금 당장 나만의 스피치 컬러를 찾아보고 싶지 않은가? 스피치 컬러는 예쁜 목소리를 넘어 자신감을 회복하고 삶의 질을 향상시키는 첫 걸음이다. 아래의 여정과 같이 훈련을 하되 강점은 더하고 약점은 보완하는 식의 방향성을 가진다면 어느 순간 나만의 색채가 빛을 발하게 된다.

1. 자기 탐색

- 강점 파악: 자신이 가장 잘하는 것, 좋아하는 것 그리고 다른 사람들에게 인정받는 점은 무엇인지 곰곰이 생각해 본다.
- 가치관 정립: 어떤 가치관을 가지고 살아가는지, 어떤 메시지를 전달하고 싶은지 명확하게 정의한다.
- 목표 설정: 스피치를 통해 무엇을 이루고 싶은지 구체적인 목표를 설정한다.

2. 목소리 분석

- 녹음: 다양한 주제로 녹음을 해보고 자신의 목소리를 객관적으로 평가해 본다. 어떤 점이 매력적이고 어떤 점을 개선해야 할지 파악한다.
- 톤과 템포: 평소 말하는 톤이나 속도를 분석해 본다. 자신만의 독특한 톤이나 템포가 있을 수 있다.
- 어휘: 자주 사용하는 단어나 표현을 분석한다. 이는 당신의 생각과 가치관을 반영한다.

3. 스피치 연습

- 다양한 주제: 뉴스, 스토리텔링, 프레젠테이션 등 다양한 주제로 연습하며 자신에게 맞는 스타일을 찾아본다.
- 다양한 방식: 혼자 연습뿐만 아니라 친구나 가족 앞에서 발표

하며 피드백을 받는 것 또한 많은 도움이 된다.

스피치 컬러는 마치 우리만의 시그니처 향수처럼 한 번 맡으면 잊히지 않는 강렬한 인상을 남기고 우리 삶을 더 특별하게 만들어주는 나만의 스피치 스타일이다.

"회사에서 발표할 기회가 생겼을 때, 저는 더 이상 긴장하지 않고 당당하게 제 의견을 말할 수 있었습니다."

"상사의 인정을 받고 새로운 프로젝트를 맡게 되는 기회를 얻었습니다."

"사람들과의 대화에 더욱 적극적으로 참여하게 되면서 관계 형성에 큰 도움이 되었습니다."

당당함의 향기, 유능함의 향기, 저마다 풍기는 향기가 참 매력적이다. 그리고 곧 이어질 당신의 향기가 기다려진다.

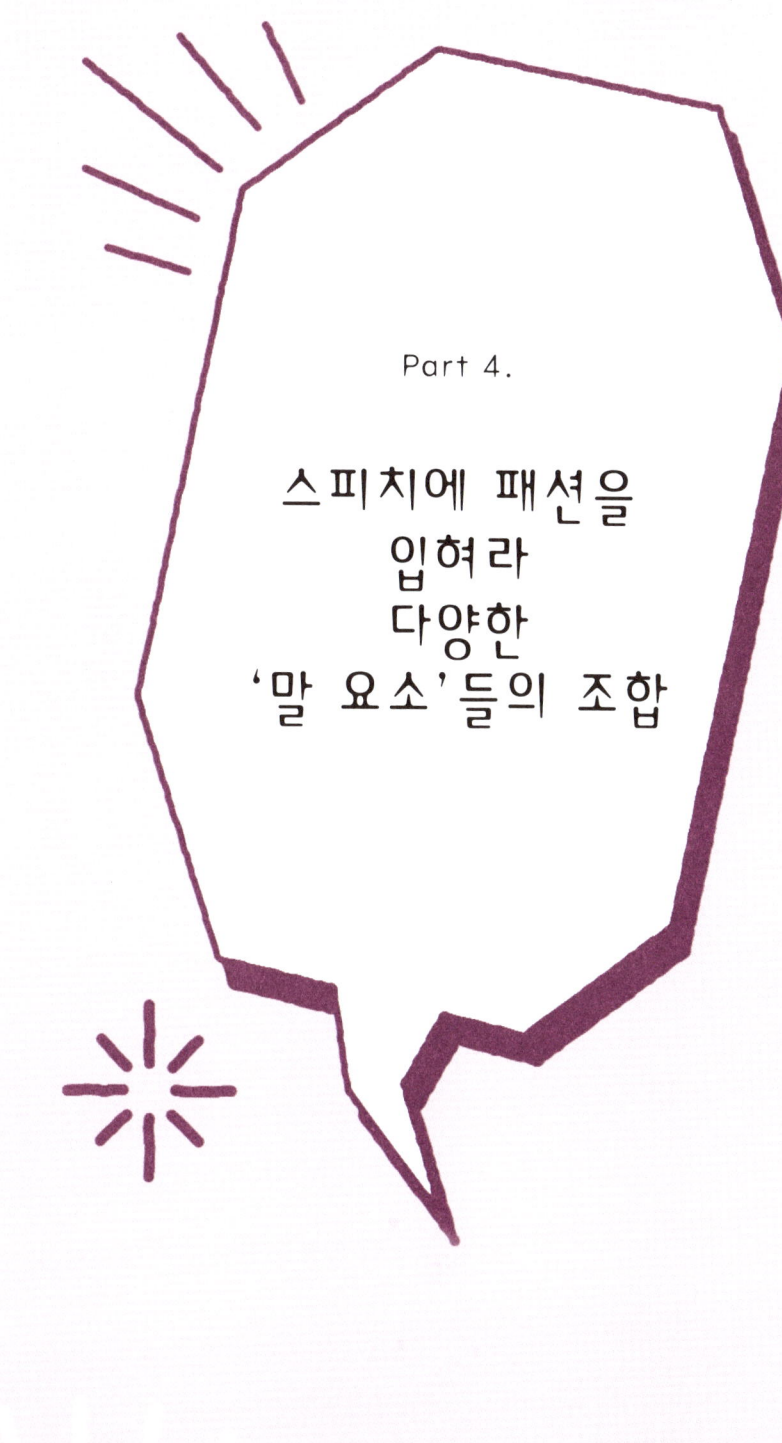

Part 4.

스피치에 패션을 입혀라
다양한
'말 요소'들의 조합

모든 위대한 이야기는
개인적인 이야기에서 시작된다

스티븐 스필버그

스피치는 원단 선택부터
꼼꼼하게

"선생님, 강의 내용에 관한 말씀을 좀 드리고 싶은데 기분 나쁘게 생각하진 마세요. 사실 우리한테는 이런 교육이 별로 효과가 없어요."

초보 강사 시절 커뮤니케이션 강의를 요청 받고 달려간 건설회사에서 받은 피드백은 한 단계 성장하는 귀한 경험이었다.

"꼭 회의실 같은 곳에 있는 것처럼 표현을 하고 계셔서요. 저희가 사무실이 아닌 현장에 있다 보니 좀 적용이 어렵습니다. 예를 들어서 '권위를 표현하라'고 말씀하셨는데 제가 부하직원들과 함께 있을 때는 사실 알려주신 류의 언어들은 쓰지 않아요. 명확하고 직접적인 명령을 내리거든요. 좀 더 거칠어야 해요. 그게 효과적이니까요. '소통의 톤'을 달리하라는 것도 회의에서는 괜찮지만 현장에서는 좀 더 직설적으로 이야기합니다."

순간 큰 깨달음의 무게를 느낀 나. 겸손한 자세로 피드백을 받아들였다. 내가 준비했던 통상적인 기업교육 위주의 소통 방식이 건설 현장에선 크게 어울리지 않는다는 사실이 분명했기 때문이다.

건설 업계에 가서 작업복 원단이 아닌, 수트 원단 같은 소리만 늘 어놨단 생각에 내심 큰 공부를 한 날이었다. 그 분들께는 '공식적', '고상함' 스타일의 원단이 아니라 좀 더 명확하고 직접적인 원단이 필요했던 것이다. 아무리 좋은 의도를 가지고 옷을 만든다 할지라도 환경에 어울리지 않는 원단을 사용하면 이렇듯 고객의 불평에 직면하고야 만다.

얼마 후엔 지역 경찰서에 소통 교육을 가게 되었다. 그야말로 정신을 바짝 차리며 강의 준비를 할 수밖에 없었다. 경찰서 내부까지 들어가본 적이 없어서 지인의 도움으로 미리 견학까지 다녀올 만큼 철저히 준비했다. 구성원들의 생활 환경, 사용하는 호칭, 실제 민원인과의 고충 등을 파악한 뒤 현장의 생생함을 교육에 담을 수 있었다. 피드백 결과는 성공적이었다.

필자가 겪었던 이 경험은 '스피치 스타일링'의 목적과도 상통한다. 효과적인 커뮤니케이터가 된다는 것은 단지 말 잘하는 것이 아니라 상황과 대상에 걸맞게 말하는 것이니까 말이다. 구체적으로는 청중을 미리 알고, 메시지를 조정하고 가장 중요하게는 환경에 맞는 어휘를 선택하는 것을 의미한다.

청중 분석은 원단을 고르는 첫 번째 단계

스피치 스타일링의 중요한 요소 중 하나는 청중을 이해하는 것이다. 커뮤니케이션 시나리오를 시작하기 전에 대화 상대를 공부하자. 경찰서를 가기 전 경관님들의 세상을 공부했던 것처럼. 그들은 업계 전문가인가 아니면 학생인가? 그들은 공식적이고 자세한 설명을 기대하는 사람들인가, 아니면 빠르고 실행 가능한 정보를 원하는 사람들인가?

한 예로 중요한 비즈니스 회의에서 경영진 그룹에게 연설하는 것과 작업 현장에서 건설 노동자 그룹에게 말하는 것의 차이점을 생각해 보자. 기업 경영진은 업계 용어, 차트 및 그래프로 가득 찬 세련되고 공식적인 프레젠테이션을 높이 평가할 것이다. 대조적으로, 건설 팀은 요점을 바로 전달하는 간단하고 실행 가능한 언어를 사용하여 보다 간단하고 직설적인 스타일을 선호할 수 있다.

이처럼 청중이 누구인지 파악하고 이에 따라 언어 스타일을 조정하는 것은 메시지가 호평을 받는 것과 실패하는 것의 차이를 의미할 만큼 큰 비중을 차지한다.

고객이 필요로 하는 맞춤 원단 고르기

청중이 누구인지 명확하게 이해했다면 다음 단계는 그들의 필요에 맞게 메시지를 맞춤화하는 것이다. 특정 상황에서 청중에게 가장 관련성이 높은 어조와 내용이 무엇인지를 생각하는 일이다.

앞서 언급했던 건설회사를 되짚어보면, 건설 노동자들은 기업 커뮤니케이션 이론이나 전문 용어에 관심이 없다. 그들에게 필요한 것은 작업 현장에서 의사소통을 개선하는 방법에 대한 실행 가능한 조언이다. 그러니까 보다 실용적이고 실제적인 조언으로 초점을 전환해야 했다. 그들에게 친숙한 용어, 즉 그들의 일상 경험과 그들이 직장에서 직면하는 어려움에 공감하며 언어를 선택했더라면 반응은 달랐을 것이다.

이 접근 방식은 모든 소통이 거쳐야 할 부분이다. 예를 들어, 고등학생 그룹에게 시간 관리의 중요성을 이야기하는 경우 숙제 관리, 과외 활동, 소셜 미디어 등 그들의 삶과 관련된 예를 사용할 수 있다. 반면에 동일한 주제로 비즈니스 전문가 팀에게 연설하는 경우 회의, 마감일 및 생산성이라는 맥락에서 시간 관리를 참조하고 싶어 할 것이란 분석이 나온다.

연결의 언어를 고민하자

모든 소통의 목적은 앞서 이야기한 것처럼 연결이다. 설득하든, 정보를 제공하든, 동기를 부여하든, 말하는 방식은 청중과 청중 사이에 다리를 놓는 데 도움이 되어야 한다는 사실이다.

건설 노동자들과 함께했던 나의 경험은 잘못된 연결이 보여주는 완벽한 예가 아닐까. 만일 그분의 피드백을 듣지 못했더라면 그리고 다른 현장에서도 공식적인 언어만을 준비했더라면? 실패를 거듭했을 생각에 아찔함이 감돈다.

나는 누구에게 말하고 있나?
그들이 나에게 필요로 하는 것은 무엇인가?
어떻게 하면 그를 가장 잘 설득할 수 있을까?

그 어떤 상호 작용일지라도 말하기 전에 스스로에게 질문해보자. 이러한 질문들은 당신을 더욱 유연한 커뮤니케이터로서, 어떤 환경에서도 헤쳐 나갈 수 있는 만능키를 선사할 것이다.

스피치 디자인, 스토리텔링의 힘

 2005년, 스탠포드대학 졸업식 연단에 선 스티브 잡스의 모습은 마치 한 편의 영화와 같았다. 병마와 싸우면서도 빛나는 눈빛으로 청중을 향해 이야기하던 그는 단순히 성공한 기업가를 넘어 삶의 진리를 탐구하는 철학자처럼 보이기도 했다. 단순히 동기를 부여하는 데 그치지 않고 삶의 의미와 가치에 대한 깊은 성찰을 전했기 때문이다.

 특히 연설의 마지막을 장식한 "Stay Hungry, Stay Foolish"라는 문구는 오늘날까지도 많은 이들에게 회자되고 있을 만큼 인상적이었다. '배고프고 어리석게'라는 역설적인 표현은 곧 끊임없이 새로운 것을 갈망하고, 세상의 관습에 얽매이지 말라는 의미를 담고 있다.

'배고프게'라는 말은 단순히 물질적인 욕망을 넘어, 지적 호기심과 성장에 대한 열망을 의미한다. 늘 새로운 것을 배우고, 더 나은 세상을 만들기 위해 노력하라는 것이다. 마치 사막을 건너는 여행자가 언제나 목마름을 느끼듯, 우리는 끊임없이 배우고 성장해야 한다.

'어리석게'라는 말은 사회적인 시선을 두려워하지 말고, 자신만의 길을 개척하라는 의미이다. 안전한 길만을 고집하기보다는, 때로는 실패를 감수하고 새로운 도전을 해야 한다는 것이다. 마치 어린아이가 세상을 처음 마주하듯, 순수한 마음으로 세상을 바라보고 새로운 가능성을 발견하라는 뜻에서다.

무엇이 그의 연설을 이토록 특별하게 만들었을까? 스티브 잡스의 스탠포드 대학 졸업식 연설은 스피치의 디자인 과정에 해당하는 스토리텔링의 힘을 보여주는 마스터클래스로 손꼽힌다. 그의 이야기는 마치 한 편의 영화처럼 청중의 마음을 사로잡았고, 오랜 시간이 흘렀음에도 여전히 많은 사람들에게 깊은 감동을 선사한다.

그것은 바로 진솔한 개인적인 경험, 누구나 공감할 수 있는 보편적인 진리, 그리고 실천 가능한 조언이라는 세 가지 요소가 완벽하게 조화를 이루었기 때문이다.

잡스는 자신의 삶의 고비를 솔직하게 털어놓으며 청중과의 공감대를 형성했다. 애플에서 해고되었던 경험, 죽음을 앞둔 절박함 등 그의 개인적인 이야기는 단순한 사건을 넘어, 삶의 의미를 찾아가는 여정을 보여주는 깊이 있는 스토리로 승화되었다.

동시에 그는 삶의 유한함, 열정의 중요성, 그리고 변화를 두려워하지 않는 용기와 같은 보편적인 진리를 이야기하며 청중의 마음을 울렸다. 그의 메시지는 특정한 상황이나 사람에게 국한된 것이 아니라, 모든 사람이 한 번쯤 고민해 봤을 법한 인생의 근본적인 질문에 대한 답을 제시하고 있다.

뿐만 아니라 단순히 감동을 주는 데 그치지 않고, 실제로 청중이 삶을 변화시킬 수 있도록 구체적으로 조언했다.

'자신이 진정으로 좋아하는 일을 찾아라', '실패를 두려워하지 말라', '미래를 위해 용기를 내라'와 같은 그의 메시지는 청중에게 행동을 촉구하는 강력한 동기 부여가 되었다.

이처럼 잘 짜여진 스토리 디자인은 청중의 감정에 호소하고 행동을 유발하며, 오랫동안 기억에 남는 강력한 메시지를 효율적으로 전달한다.

더욱이 우리가 스토리텔링의 힘을 빌려야 하는 까닭은 '기억되기 위해서'다. 오늘날 정보 과잉 시대, 이성적인 힘만으로 어필하기란 결코 쉽지 않기에 감성의 힘, 바로 이야기의 힘을 빌리는 일은 다양한 상황에서 사람들의 마음을 사로잡는 비법이다.

기업의 CEO가 새로운 비전을 제시하든, 교사가 학생들에게 지식을 전달하든, 정치인이 유권자들의 지지를 얻으려 하든, 스토리텔링은 효과적인 커뮤니케이션 도구이자 하나의 무기이다.

자신의 이야기를 진솔하게 전달하고, 청중과의 공감대를 형성하며, 명확한 메시지를 전달할 때, 우리는 더욱 강력한 영향력을 발휘할 수 있다.

스피치 디자인에 생명을 불어넣는 마법

구조는 연설의 뼈대이지만, 스토리텔링은 그 뼈대에 살을 붙이고 생명을 불어넣는 마법이다. 추상적인 개념과 복잡한 논리를 담은 연설은 마치 딱딱한 틀에 갇힌 그림 같아 시선을 사로잡지 못한다. 하지만 이야기는 좀 다르다. 이야기는 우리를 따뜻한 난로가에 둘러앉아 할머니의 옛날이야기를 듣는 어린아이로 만들어 버린다는 사실. 그것은 아마도 사람이란 존재가 이야기를 통해 세상을 이해하고, 자신을 발견하며, 다른 사람들과 소통하기 때문이다.

잘 짜인 이야기는 우리를 감정의 소용돌이 속으로 몰아넣고 눈물을 흘리게 만들기도 하고 용기를 북돋아 주기도 한다. 주인공의 기쁨과 슬픔을 함께 느끼고 그들의 선택에 공감하며 자신만의 결론에 도달한다.

그러니까 이제부터 중요한 스피치를 앞둔 상황에선 반드시 이야기를 고민하도록 하자. 개인적인 경험을 바탕으로 한 감동적인 일화, 역사 속 위대한 인물들의 이야기, 혹은 허구적인 이야기까지, 모든 이야기는 각자의 방식으로 청중의 마음을 움직인다. 중요한 것은 이야기가 단순히 사실을 나열하는 것이 아니라 청중의 감정을 자극하고 공감대를 이끌어내는 데 초점을 맞춰야 한다는 것이다.

스피치에 생명을 불어넣는 스피치의 핵심 기법 스토리텔링, 어떻게 실력을 다질 수 있을까? 아래 3단계에 맞춰 직접 실습을 해보도록 하자.

1단계: 주제 선정 및 메시지 설정

- 주제: 말의 주제와 연관된 구체적인 경험이나 사건을 선택한다. 예를 들어 주제가 '스피치의 힘'이라면, '스피치를 통해 용기를 얻은 경험'이나 '잘못된 스피치로 인해 겪었던 어려움' 등을 소재로 선정하면 된다.
- 메시지: 이 이야기를 통해 전달하고 싶은 메시지를 명확하게 설정한다. 예를 들어, '스피치는 자신감을 키워준다', '준비된 스피치의 중요성' 등이 될 수 있다.

2단계: 스토리 구성

- 도입: "심장이 쿵쾅거리는 소리가 고막을 울렸다. 마이크 앞에 서는 순간, 온몸에 전율이 흘렀다."와 같이 독자의 흥미를 끌

수 있는 강렬한 첫 문장으로 시작한다.
- 전개: 이야기의 배경, 등장인물, 사건의 순서를 시간 순서대로 또는 역순으로 배열한다.
- 절정: 이야기의 가장 긴장되고 흥미로운 부분을 상세하게 묘사한다.
- 결말: 이야기를 매듭짓고, 주제와 연결되는 의미 있는 메시지를 전달한다.

3단계: 감각적인 표현 활용
- 비유: '마음이 얼어붙은 듯', '가슴이 터질 듯'과 같이 적절한 비유를 사용하여 감정을 생생하게 전달한다.
- 감각: 시각, 청각, 촉각 등 다양한 감각을 활용하여 독자가 마치 현장에 있는 듯한 느낌을 받도록 만든다.
- 대화: 등장인물의 대화를 통해 이야기에 생동감을 부여한다.

실습 예시:
초등학교 시절, 전교 학예회 무대는 나에게 넘어설 수 없는 벽 같았다. 발표 순서가 다가오자 심장은 쿵쾅거리고, 손바닥은 땀으로 흥건해졌다. 떨리는 목소리로 간신히 몇 마디를 겨우 내뱉고 무대를 내려왔을 때 느꼈던 수치심과 공허함은 지금도 생생하다. 그날의 경험은 마치 깊은 상처처럼 내 마음속에 자리잡았고 나는 사람들 앞에서 말하는 것을 두려워하게 되었다.

하지만 고등학교 때, 문학 동아리에서 스피치 연습을 시작하면서 조금씩 변화가 생겼다. 처음에는 여전히 긴장되었지만, 꾸준히 연습하고 다른 친구들 앞에서 발표하는 기회를 만들면서 자신감이 조금씩 싹텄다. 마치 햇볕을 받고 자라는 작은 씨앗처럼 내 안에 용기가 조금씩 자라났다.

대학교에 와서는 학생회 활동을 하면서 더욱 다양한 사람들 앞에서 발표의 경험을 쌓았다. 처음에는 여전히 긴장됐지만 매번 발표할 때마다 조금씩 성장하는 나를 발견할 수 있었다.

스피치는 단순히 말하는 기술을 배우는 것 이상의 의미를 가진다. 그것은 나 자신을 발견하고 성장시키는 여정이다. 나는 스피치를 통해 낯선 사람들 앞에서도 당당하게 나를 표현할 수 있는 용기를 얻었고, 내 안에 숨겨진 잠재력을 발견했다. 무대 위에서 떨리는 목소리로 말하던 어린 소년은 이제 어떤 상황에서도 자신감을 잃지 않는 강한 사람으로 성장했다. 스피치는 나의 삶을 완전히 바꿔 놓았고, 앞으로도 나에게 많은 가능성을 열어줄 것이다.

위에 제시된 예문처럼 스토리텔링 기법을 연습하면, 누구든지 단순한 정보 전달을 넘어 세상과 소통하고 감동을 주는 스피치를 구사할 수 있다. 꾸준히 연습하여 자신만의 독창적인 스토리텔링 기법을 개발해 보자.

우리 모두는 세상을 이끄는 이야기꾼

오늘은 문득 스토리텔링에 관한 생각을 키우면서 '우리의 말 한마디가 세상에 던져지는 작은 돌멩이와 같다'는 생각이 들었다.

잔잔한 호수 위에 작은 돌멩이 하나가 떨어지면, 물결이 일렁이며 동심원을 그린다. 그 작은 파동은 점점 넓어져 호수 전체를 뒤덮고, 때로는 맞닿은 다른 호수까지 영향을 미치기도 한다.

마찬가지로 무심코 내뱉은 한 마디의 돌멩이는 누군가의 마음에 깊은 파문을 일으키고, 그 파문은 또 다른 이에게 전해져 세상을 움직이는 큰 힘이 된다. 우리가 단순한 말을 주고받는 존재가 아니라, 저마다 다른 이야기로써 세상을 이끄는 이야기꾼이란 사실에 새삼 흥미로움이 돋아난다.

그러니까 우리 스스로 자부해도 되지 않을까. '나는 세상을 아름답게 만드는 힘을 가지고 있다'고. 작은 목소리라도 용기를 내어 세상과 소통하고, 진심을 담아 이야기한다면 우리는 분명 세상을 더 나은 곳으로 만들 수 있을 것이다.

오늘 하루, 당신은 어떤 이야기를 만들어가고 있을까? 어떤 이야기를 던지며 세상에 작은 파동을 일으키고 있을까?

말의 액세서리로 스피치 스타일 완성

　사회학 수업 첫날, 나는 넓은 강의실 맨 뒷자리에 앉아 졸음과 싸우고 있었다. 솔직히 말해서, 사회학이라는 학문이 내 삶과 얼마나 관련이 있을지에 대해 의문을 갖기도 했다. 하지만 김 교수님의 수업 덕분에 수업을 대하는 나의 태도는 180도 달라졌다.

　교수님은 단순히 이론을 넘어 마치 연극 무대의 연출가처럼 수업을 이끌어가는 매력적인 스피치를 보여주셨다. 특히 어빙 고프만의 연극학적 이론을 설명할 때는 눈빛을 반짝이며 몸짓에 한껏 힘을 주셨던 기억이 생생하게 남아 있다. 교수님은 "우리 모두는 사회라는 무대 위의 배우"라고 말하며, 손짓으로 무대를 가리키는 듯한 제스처를 취했다. 그 모습을 보며 나도 모르게 연극을 보는 듯 집중할 수

밖에 없었다.

교수님이 사회적 표정 관리를 설명할 때는, 다양한 표정으로 질문을 던졌다. "기쁨, 슬픔, 분노, 이러한 감정을 위해 얼마나 다양한 표정을 짓나요?" 교수님의 질문에 반응하며, 나도 모르게 얼굴 근육을 움직여보았다. 그 순간, 나는 내가 일상생활에서 얼마나 많은 표정 관리를 하고 있는지 짐작할 수 있었다.

교수님의 열정적인 목소리, 생생한 설명은 당시 나에게 큰 영감으로 다가왔다. 단순히 지식을 암기하는 것이 아니라, 사회학을 통해 나 자신과 더 깊이 세상을 이해할 수 있다는 것을 깨달았다고 말이다. 그리고 어느새 나는 더 이상 수동적인 학생이 아니라, 앞자리에서 적극적으로 질문하고 토론하는 학습자가 되어 있었다.

소극적이고 평범했던 나를 학구적으로 만들어주신 김 교수님. 요즘 다시 기억을 되짚어보니 그의 수업은 '비언어적 요소가 학습 효과에 미치는 영향'을 실감나게 해주는 멋진 경험이었다. 교수님의 열정적인 강의는 단순히 지식 전달을 넘어 흥미를 유발시키고 참여도를 높이는 데 효과적이었기 때문이다.

특히 교수님의 억양과 강조. 그는 마치 연극 배우처럼 어떤 부분에서는 목소리의 높낮이를 조절했고, 강조하고 싶은 단어에는 힘을 주어 발음하는 스피치를 구사했다. 단순한 이론 설명이었지만 마치 이야기책을 읽는 듯한 흥미를 느낄 수 있었다. 또한, 중요한 개념을 설명할 때는 손짓을 크게 하거나 칠판에 그림을 그리며 시각적인 효과를 더했다. 이러한 비언어적 연출은 학생들의 이해를 돕고 기억에 오래 남도록 하는 데 큰 역할을 하는 요소이다.

비언어의 힘, 스피치 액세서리의 놀라운 효과

'말'은 우리가 전하고자 하는 메시지의 핵심이지만 억양, 몸짓, 표정과 같은 비언어적 요소들은 마치 화려한 보석을 더한 듯 메시지를 더욱 빛나게 만든다. 옷을 입을 때 액세서리를 더해 스타일을 완성하듯, 말에 다양한 비언어적 요소를 더하면 메시지의 전달력이 한층 강화된다.

억양은 단순한 소리의 높낮이를 넘어, 우리의 감정, 태도, 그리고 메시지의 중요성을 생생하게 전달하는 중요한 역할을 한다. 낮고 굵은 목소리는 권위와 진지함을, 높고 빠른 목소리는 흥분과 기쁨을 표현하며, 듣는 이의 마음을 움직인다.

몸짓은 손짓, 발짓 등을 통해 메시지를 강조하고 설명을 보충하며, 때로는 직접적으로 감정을 표현하기도 한다. 손을 펴서 앞으로 내밀면 "멈춰!"라는 의미를 명확하게 전달할 수 있고, 주먹을 쥐면 강조하고 싶은 부분을 더욱 강조할 수 있다.

표정은 미소, 찡그림, 놀라움 등 다양한 감정을 드러내고, 상대방과의 관계를 형성하는 데 중요한 역할을 한다. 미소는 친근함과 개방성을, 찡그림은 불쾌함이나 불안을 나타내며, 상대방의 반응을 이끌어낸다.

시선은 상대방과의 소통에서 가장 중요한 요소 중 하나이다. 상대방의 눈을 직접 바라보면 진정성과 자신감을 보여줄 수 있으며, 더욱 깊이 있는 관계를 형성할 수 있다. 반대로, 시선을 회피하면 불안하거나 솔직하지 못한 인상을 줄 수 있다.

공간 활용 또한 비언어적 의사소통에서 중요한 역할을 한다. 개인 공간, 거리, 자세 등을 통해 상대방과의 관계를 나타내고, 자신의 태도를 표현할 수 있다. 가까운 거리에서 상대방과 마주하면 친밀감을 표현할 수 있으며, 멀리 떨어져 있으면 격식을 갖춘 관계를 나타낼 수 있다.

이처럼 비언어적 요소들은 서로 유기적으로 작용하여 메시지의 의미를 풍부하게 만들고, 상대방에게 더욱 강력한 인상을 심어준다. 중요한 발표를 할 때, 자신감 있는 자세로 서서 힘있는 목소리로 말하고, 적절한 몸짓과 표정을 사용하면 청중들에게 더욱 효과적으로 메시지를 전달할 수 있다.

스피치 스타일 완성을 위한 액세서리, 비언어 매칭

우리는 옷에 어울리는 액세서리를 신중하게 고른다. 격식 있는 자리에는 빛나는 시계를, 편안한 자리에는 우아한 목걸이를 선택하듯, 우리의 말에도 다양한 '비언어'라는 액세서리를 더하여 우리의 이야기를 더욱 풍성하게 만들 수 있다. 정치인이 두르는 스카프 하나가 그날의 메시지를 반영하는 것처럼, 우리 말에 곁들이는 비언어가 생각과 감정을 효과적으로 드러내는 것이다.

스피치를 준비하는 것은 마치 자신만의 이야기를 쓰는 것과 같다. 어떤 이야기를 하고 싶은지, 어떤 메시지를 전달하고 싶은지 명확하게 정의해야 한다. 그리고 그 이야기를 더욱 풍부하게 만들기 위해서는 적절한 '비언어'라는 액세서리가 필요하다.

우선 상황에 맞는 비언어를 선택해야 한다. 공식적인 자리에서는 정확하고 체계적인 말투와 함께 침착한 표정과 단정한 자세가 어울리고, 친근한 자리에서는 부드럽고 진솔한 말투와 함께 따뜻한 미소와 편안한 자세가 어울린다.

때로는 말이 오히려 우리의 진심을 가리는 경우도 있다. 마치 흐릿한 안경을 낀 채 세상을 바라보는 것처럼, 우리의 말은 때때로 불필요한 오해를 낳기도 한다. 이때는 스스로의 비언어를 다시 한번 점검하도록 하자. 미소, 눈빛, 손짓, 몸짓처럼 말하지 않아도 우리의 마음을 전달하는 다양한 표현들.

 마치 음악이 가사 없이도 감동을 전하듯 비언어를 제대로 익히면 우리의 말에 생명을 불어넣고 더욱 풍부한 의미를 부여할 수 있다. 어떤 때는 따뜻한 미소가 차가운 말을 녹여내고 때로는 진심 어린 눈빛이 말보다 더 큰 위로를 전한다. 무심코 내뱉는 말보다 때로는 짧은 침묵이나 부드러운 스킨십으로 더 큰 공감을 얻을 수 있다.

 한편으로 생각해보면 항상 거창한 말이나 표현이 필요한 건 아니다. 때론 그냥 이 순간에 집중하고 내 모습을 있는 그대로 받아들이는 것만으로도 충분하니까. 내 말과 행동이 주변 사람들에게 어떤 영향을 미치는지 조금만 더 신경 쓰면 소중한 관계를 더욱 돈독하게 만들 수 있다.

 매일 조금씩 나의 표현을 되돌아보고, 말하기 전에 잠시 생각해 보는 습관을 들여 보자. 작은 변화 같지만, 이는 우리 삶에 큰 파도를 만들어낼 수 있다. 지금부터 당장 시작해 보는 건 어떨까? 내 말과 행동이 소중한 사람들과의 관계를 더욱 깊게 만들어주는 다리가 되도록.

나만의 스피치스타일을 펼치는
런웨이

"여러분, 안녕하세요. 애덤 샌들러입니다. 무대 위에서 웃음을 드리는 일이 제 삶의 큰 기쁨이지만 오늘 여러분께는 조금 다른 이야기를 들려드리고 싶습니다."

TED 강연장, 무대 위의 애덤 샌들러는 우리가 알던 코미디언의 모습 그대로였다. 하지만 그의 눈빛은 진지했고, 목소리는 잔잔했다. 그는 관객들에게 자신이 겪었던 다양한 경험들을 이야기하며, 행복이란 무엇인지에 대한 깊은 성찰을 제시했다.

"제가 처음 코미디언이 되었을 때, 사람들을 웃기는 것만큼 즐거운 일은 없었습니다. 관객들의 웃음소리를 들을 때면 마치 세상을 다 가진 듯한 기분이었죠. 하지만 시간이 지나면서 점점 더 큰 무대에 서게 되고, 더 많은 사람들에게 웃음을 주어야 한다는 부담감에 시달렸습니다."

그는 화려한 스포트라이트 속에서도 외로움을 느꼈던 경험을 솔직하게 털어놓았다.

"물질적인 성공을 이루고, 많은 사람들에게 사랑받았지만, 정작 내 안은 허전했습니다. 마치 무언가 중요한 것을 놓치고 있는 듯한 느낌이었죠."

이어 성공과 행복은 반드시 비례하지 않는다는 것을 깨달았다고 전하며, 진정한 행복은 관계 속에서 찾을 수 있다고 강조했다.

미국의 코미디언이자 배우, 애덤 샌들러의 TED 강연은 우리에게 스피치가 단순히 정보를 전달하는 도구가 아니라, 감동을 주고 함께 성장할 수 있는 하나의 무대, 예술이 될 수 있음을 보여주었다. 그는 코미디언 특유의 유머와 진솔한 이야기를 통해 관객들에게 큰 감동을 선사했는데, 특히 그가 강연 무대를 위해 사용한 비언어적, 언어적 장치가 눈길을 끈다.

우선 스토리텔링으로써 자신의 개인적인 경험을 바탕으로 이야기를 구성하여 청중의 공감을 이끌어냈다. 구체적인 사례와 비유를 사용하여 복잡한 개념을 쉽게 이해하도록 돕고, 이야기에 생동감을 부여했다. 언어적으로는 일상생활에서 흔히 사용하는 비유와 은유를 사용하여 복잡한 개념을 쉽게 설명하고, 청중의 이해를 도왔다.

언어뿐만 아니라 눈빛, 제스처 등 비언어적인 표현을 통해 메시지를 더욱 강력하게 전달할 수 있었다. 무대 위에 있으면서도 관객 한 명 한 명과 눈을 맞추며 무대를 자유롭게 누비며 움직이는 모습은 긴장된 분위기를 녹여주었다.

그의 몸짓 하나하나는 이야기의 흐름을 부드럽게 이어주는 동시에, 강조하고 싶은 부분을 조명처럼 비추며 청중의 집중도를 높였다. 마치 패션쇼 런웨이에서 특정 의상을 부각시키기 위해 모델이 포즈를 취하듯, 그는 자신의 메시지를 효과적으로 전달하기 위해 몸짓을 활용했다.

일상은 스피치 런웨이의 연속

애덤 샌들러의 TED 강연 내용을 런웨이 무대에 대입하듯 우리는 누구나 살면서 수많은 '스피치 런웨이'에 오르곤 한다. 가족과의 식사 자리에서부터 회사 동료와의 미팅, 친구들과의 대화까지, 우리는 끊임없이 우리의 생각과 감정을 표현하고, 다른 사람들의 이야기를 경청한다. 이 모든 순간들이 바로 우리만의 '스피치 런웨이' 인 셈이다.

수업 시간에 발표를 하거나, 논문을 발표하는 자리는 자신의 연구 결과를 세상에 알리는 소중한 기회이다. 긴 시간 동안 연구하고 분석한 결과를 짧은 시간 안에 효과적으로 전달해야 한다. 마치 런웨이 모델이 자신만의 개성을 표현하듯, 우리도 우리만의 연구 결과를 독창적으로 표현해야 한다.

회의나 모임에서 자신의 생각을 솔직하게 이야기하는 것은 마치 자신의 의견이라는 옷을 입고 런웨이를 걷는 것과 같다. 다양한 사람들과의 의견 교환을 통해 더 나은 결론에 도달할 수 있다. 자신의 생각을 명확하게 표현하고 다른 사람의 의견을 존중하며, 효과적인 커뮤니케이션을 통해 성공적인 회의를 이끌어야 한다.

이렇듯 다양한 일상 속 스피치 런웨이. 순간 순간을 더욱 소중하게 여겨야 하는 이유는 무엇일까? 우선 첫째로 자신을 알리는 창문이 된다. 스피치는 우리의 생각과 가치관을 보여주는 가장 직접적인 방법이기 때문이다. 또한 효과적인 소통은 건강한 인간관계를 형성하고 성장의 발판이 되기 때문이다. 결과적으로 스피치를 통해 우리는 자신감, 논리력, 표현력 등 다양한 역량을 키울 수 있기 때문에 일상 속 작은 한마디에도 관심을 기울이는 자세가 필요하다.

스피치 런웨이, 나만의 스타일로 빛나다

런웨이를 걷는 모델들은 각자의 개성과 의상에 맞춰 걸음걸이를 조절한다. 자신감 넘치는 표정, 탄탄한 자세, 그리고 조화로운 움직임은 관중을 매료시키는 마법 같은 순간을 만들어낸다. 마찬가지로,

스피치를 하는 우리도 개성과 메시지에 맞춰 스피치를 디자인함으로써 더욱 매력적인 발표를 만들어낼 수 있다.

우선 자신감이라는 멋진 구두를 신어야 한다. 자신감 있는 태도는 청중에게 긍정적인 에너지를 전달하고 신뢰도를 높여준다. 자신감이 하늘에서 뚝 떨어지면 좋겠으나 충분한 준비를 통해 얻어지는 것이다. 마치 모델이 런웨이를 걷기 전에 꼼꼼하게 의상을 점검하고 연습하듯, 우리도 충분한 연습을 통해 완벽한 프레젠테이션을 만들어야 한다.

다음으로 청중을 고려한 맞춤 스타일을 선택해야 한다. 청중의 수준과 관심사를 고려하여 내용을 구성해야 한다. 마치 모델이 옷을 입는 것처럼 우리도 우리의 메시지를 청중에게 맞춰 포장해야 한다.

이제 액세서리를 활용할 차례다. 눈빛, 제스처, 목소리 톤은 우리의 말에 생명을 불어넣는 액세서리다. 마치 모델이 액세서리를 활용하여 자신을 더욱 돋보이게 하듯 우리도 비언어적인 표현을 활용하여 메시지를 강조하고 청중의 집중도를 높일 수 있다.

마지막으로 스토리텔링이라는 잘 짜여진 드레스를 입어보자. 지루한 내용도 스토리텔링을 통해 흥미진진한 이야기로 만들 수 있다. 마치 영화의 한 장면처럼 청중을 이야기 속으로 끌어들여 감정을 공유하는 것이다.

스피치 런웨이에서 성공하기 위해서는 다양한 스피치 요소를 고민해야 한다. 만약 스피치 훈련이 버겁게 여겨진다면 우선은 내가 어떤 목소리 톤으로 말할 때 가장 편안한지, 어떤 제스처를 사용할 때 가장 효과적인지 자신만의 강점을 찾아 극대화하는 작업부터 시작해보자. 이러한 과정 속에서 자신에게 가장 잘 어울리는 옷을 선택하듯, 스스로에게 가장 잘 어울리는 스피치 스타일을 찾게 될 것이다.

오늘 하루, 당신은 어떠한 스타일로 일상 런웨이에 오를 예정인가?

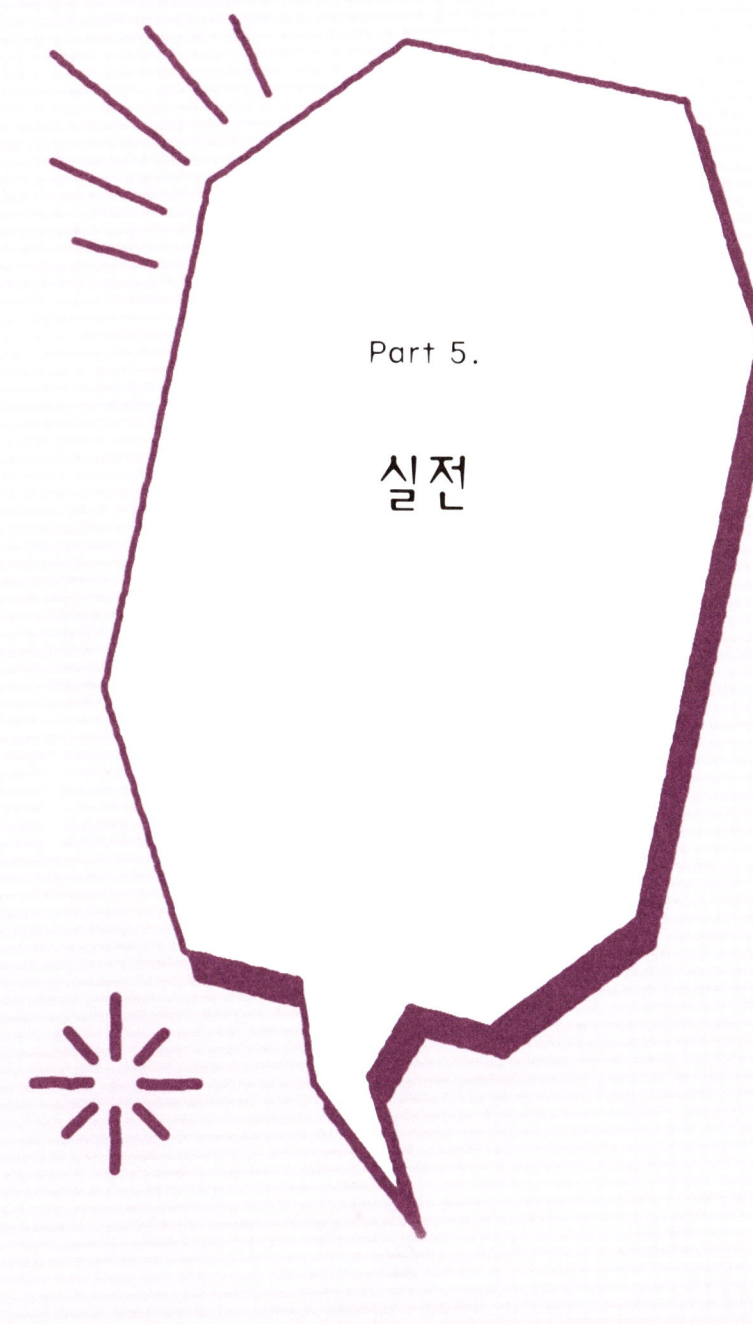

Part 5.

실전

스타일은 자기 자신이 되는 것에 관한 것이다

오스카 드 라 렌타

TPO에 맞는 스피치 & 나다운 스피치

1996년, 닌텐도 64용 슈퍼 마리오 64 출시를 앞두고 미야모토 시게루는 게임 업계 최대 행사인 E3에서 발표를 맡았다. 3D 플랫폼 게임의 새로운 지평을 연 슈퍼 마리오 64는 비디오 게임 역사에 길이 남을 기념비적인 작품이었다.

그래서일까, 평소 겸손하고 조용한 성격이었던 미야모토 시게루였지만 이번 발표에서 만큼은 조금 달랐다. 수많은 팬과 업계 관계자들이 기대하는 자리였기에, 단순한 개발자의 발표를 넘어선 무언가 특별한 것이 필요했기 때문이다.

미야모토 시게루는 단순히 게임을 소개하는 것을 넘어, 청중과 함께 즐기는 시간을 만들고 싶었다. 그는 슈퍼 마리오 모자를 쓰고 무대 위를 뛰어다니며 마치 게임 속 마리오가 된 듯한 연기를 선보였다. 그의 장난기 넘치는 모습은 딱딱한 발표 현장에 활기를 불어넣었고 청중들은 그의 열정에 공감하며 환호했다.

마치 마법사가 된 것처럼 관객들을 게임 세계로 빠져들게 만든 미야모토 시게루. 그의 혁신적인 게임 플레이는 단순히 새로운 게임을 소개하는 것을 넘어, 게임 업계에 새로운 지평을 열었다는 평가를 받기도 했다. 이는 단순한 게임 시연을 넘어, 청중과 소통하는 즐거움을 보여주는 훌륭한 발표의 본보기라고 할 수 있다.

대규모 기술 발표회부터 소규모 회의까지 미야모토 시게루의 발표는 TPO에 맞는 스피치의 중요성을 다시 한번 생각하게 만든다. TPO란 주로 패션 분야에서 옷을 선택할 때 시간, 장소, 상황에 맞춰 적절한 옷을 입어야 한다는 의미로 사용되는데, 이 개념은 패션뿐만 아니라 우리의 일상생활 속에서도 다양하게 활용되고 있다. 시간(Time), 장소(Place), 상황(Occasion)의 약자로 말 그대로 상황에 맞게 행동해야 된다는 것을 의미한다.

모든 상황에는 각기 다른 방식의 소통이 필요한데, 마치 정장을 입고 해변에 가는 것이 어색하듯 상황에 맞지 않는 말투나 행동은 오히려 의사소통을 방해할 수 있다. 미야모토 시게루는 자신의 열정과 혁신적인 아이디어를 맞춤형으로 전달하며 청중과의 공감대를 형성하는 데 성공할 수 있었다.

나의 TPO에 맞는 스피치는?

TPO에 맞는 스피치 연출은 앞에서 언급했듯 옷을 잘 선택하여 입는 것과 같다. 작업복을 입고 시상식에 가는 것이 어색하듯, 나의 상황에 맞지 않는 말투는 오히려 의사소통을 방해할 수 있다. 반면 TPO에 맞는 말투를 사용하면 상대방에게 존중을 표하고, 효과적으로 메시지를 전달할 수 있다.

예를 들어, 면접에서는 격식을 갖춘 말투를 사용하여 자신감과 전문성을 보여주는 것이 좋다. 반면 오랜 친구들과의 대화에서는 편안하고 자연스러운 말투를 사용하여 좀 더 친근함을 표현할 수 있다.

다음 TPO에 맞는 스피치 연출을 위한 TIP를 참고하며 나에게 필요한 스피치 스타일링을 고민해보도록 하자.

- 상황 분석: 어떤 상황에서 어떤 사람들에게 말을 전달해야 하는지 정확하게 파악한다.
- 목표 설정: 스피치를 통해 무엇을 얻고 싶은지 명확하게 정의한다.
- 청중 분석: 청중의 특성(나이, 직업, 관심사 등)을 고려하여 내용과 어투를 조절한다.
- 적절한 언어 사용: 상황에 맞는 적절한 어휘와 표현을 사용한다.

- 비언어적 표현 활용: 목소리의 높낮이, 강약, 속도 그리고 시선, 표정, 몸짓 등을 통해 메시지를 더욱 효과적으로 전달한다.

TPO에 맞는 스피치 연출은 단순히 말을 잘하는 기술을 넘어, 상대방과의 관계를 더욱 풍요롭게 만들고 삶의 다양한 영역에서 성공을 거두는 데 필수적인 요소, 우리는 매일 수많은 사람들과 소통하며 살아가기 때문에 TPO에 맞는 스피치 연출 능력을 키우는 것은 매우 중요하다.

한편으로 많은 사람들이 스피치에 대한 부담감을 느끼고 어려워하는 것 또한 사실이다. 자신감이 부족하거나 어떤 말을 해야 할지 몰라 당황하기도 한다. 하지만 꾸준한 연습과 노력이 있다면 누구든지 효과적인 스피치를 할 수 있으므로 우선 편안한 마음을 갖도록 하자.

'TPO와 개성' 두 마리 토끼를 잡는 방법

이론에 맞춰 상황과 목적에 맞는 행동과 말을 하는 것에 치중하다 보면 자칫 '내가 아닌 것 같아', '재미가 없어'와 같이 의구심이나 회의가 들 수도 있다. 그러니까 TPO를 지키면서도 나만의 개성을 살린 말투를 사용하는 것이 중요하다. '같은 옷, 다른 느낌', 마치 같은 제품을 착용하고도 각자 다른 느낌을 내는 배우들처럼, TPO

에 맞는 옷을 입되 나만의 특징을 살려 개성을 표현하는 것처럼 말이다.

한때 TV 속 아나운서들의 또렷하고 매력적인 목소리에 매료됐던 나는 특히, 중저음의 차분하고 신뢰감 주는 목소리를 가진 그녀들을 흉내내기 시작했다. 그렇게 하면 나도 당연히 아나운서라는 꿈을 이룰 것만 같았다.

하지만 현실은 녹록치 않았다. 몇 번의 아나운서 시험에서 번번이 낙방하며 나는 큰 좌절감에 빠졌다. 유명 아나운서들의 목소리를 따라 하려고 애쓰면 애쓸수록 정작 나만의 개성 또한 점점 희미해질 수밖에 없었다.

'내 목소리로는 절대 아나운서가 될 수 없을까?'

깊은 고민 끝에 나는 중요한 사실을 깨달았다. 아나운서는 단순히 좋은 목소리를 가진 사람만이 될 수 있는 것이 아니라는 것을. 시청자들에게 신뢰감을 주고, 다양한 정보를 정확하게 전달하는 능력, 그리고 무엇보다도 자신만의 색깔을 가진 사람이 되어야 한다는 것을 알아차렸다.

그때부터 나는 목소리 톤을 바꾸는 대신 목소리에 힘을 싣는 연출법을 찾기 시작했다. 방송 영상, 뉴스를 분석하며 신뢰감을 주는 어투 훈련을 꾸준히 했다. 또한 나만의 강점을 찾기 위해 여러 면의 자기 분석을 시작했다. 그 결과 나는 '차분하고 신뢰감을 주는 목소리'라는 나의 강점을 살리고 '끊임없이 배우고 성장하려는 열정'을 드러내는 것이 입사 전략이 될 수 있었다.

이렇듯 내가 몸소 방송직 입문을 성취하며 깨달은 것은 TPO에 맞춰 목소리를 변화시키는 것도 중요하지만, 자신만의 개성을 잃지 않는 것이 더욱 중요하다는 점이다. 예를 들어, 경쾌한 분위기의 프로그램에서는 조금 더 밝고 활기찬 목소리로, 진지한 뉴스를 전달할 때는 차분하고 신뢰감을 주는 목소리로 변화를 준다. 하지만 이때도 자신만의 색깔을 잃지 않는 것이 핵심이다.

그렇다면 TPO를 지키면서 나만의 개성을 살리는 방법은 무엇일까? 아래의 방법들을 참고하며 직접 나의 일상에 접목해보도록 하자.

1. 자신에 관한 관찰

- 가치관과 신념: 나는 무엇을 중요하게 생각하고 어떤 가치관을 가지고 있는가?
- 흥미와 관심사: 어떤 분야에 관심이 많고 어떤 이야기를 좋아하는가?
- 강점과 약점: 나의 강점은 무엇이며 어떤 부분을 개선하고 싶은가?
- 표현 방식: 유머를 좋아하는가? 진지한 이야기를 좋아하는가?

2. 다양한 사람들과의 소통

- 다양한 사람들의 말투 관찰: 다양한 사람들과의 대화를 통해 다양한 말투를 경험하고, 자신에게 맞는 부분을 찾아본다.
- 피드백 구하기: 주변 사람들에게 자신의 말투에 대한 피드백을 구하고, 개선점을 찾아본다.

3. 자신만의 어휘 분석과 탐구

- 좋아하는 단어나 표현 수집: 책이나 영화, 드라마 등을 통해 좋아하는 단어나 표현을 수집하고, 자신만의 어휘를 만들어본다.
- 비유와 은유 활용: 자신만의 독특한 비유나 은유를 사용하여 표현력을 높인다.

4. 꾸준한 연습

- 일기 쓰기: 매일 일기를 쓰면서 자신의 생각과 감정을 정리하고, 표현하는 연습을 해본다.
- 발표 연습: 발표 기회에 주저하지 않으며 자신감을 키우고, 다양한 상황에 대처하는 능력을 기른다.

5. 긍정적인 태도

- 자신감 유지: 자신감 있는 태도는 당신의 말에 무게를 더해줄 것이다.

- 긍정적인 표현 사용: 긍정적인 단어를 사용하면 상대방에게 긍정적인 에너지를 전달할 수 있다.

이 책을 통해 여러 번 이야기하고 있듯, 상황에 걸맞는 스타일을 갖추고 그에 따른 소통을 하라는 것은 다른 인격체로 변모하라는 의미가 아니다. 연극 배우가 다양한 역할을 소화하는 것과 마찬가지로 우리는 상황에 따라 얼마든지 다양한 모습을 보여줄 수 있다. 하지만 그 근본에는 자신만의 고유한 색깔이 있어야 한다는 것이 기본 사항이다.

결국 TPO를 지킨다는 것은 내 안의 다양한 모습 중 상황에 가장 적합한 모습을 선택하는 것과 마찬가지이다. 옷장 속에 다양한 분위기의 옷이 걸려 있듯, 우리는 다양한 타입의 말투를 가질 수 있다. 중요한 포인트는 상황에 맞는 옷을 고르는 일처럼 상황에 맞는 말투를 선택하는 감각, 그리고 그 안에서 나만의 스타일을 살려 개성을 표현하는 것이야말로 진정한 소통의 정점인 것이다.

즐길수록 나의 모습은 자연스러워지고 목소리는 더욱 또렷해질 것이다. 그러니까 무엇보다 중요한 것은 즐기는 마음이 아닐까. 말하는 순간순간, 당신은 자신을 발견하는 흥미로운 여정이 시작되었음을 잊지 말자. 마치 여행을 떠나 새로운 곳을 발견할 때처럼 스피치 훈련 또한 끊임없이 새롭고 즐거운 경험이 될 것이다. 그러다 보면 어느새 도착해 있을 것이다. 오랫동안 기다려 온, 그 어느 곳보다 편안하고 멋진 나만의 집으로.

상황 별
스피치 스타일링 전략

"안녕하세요 여러분, 저는 지난 2년 동안 이곳 보호소에서 자원봉사를 해왔습니다. 오늘밤 여러분 앞에 서서 이곳이 수많은 동물과 저에게 준 사랑과 희망을 나누게 되어 영광입니다."

동물 보호소 대표로 모금행사 연설을 하게 된 자원봉사자 L양. 그녀의 첫 인사말은 따뜻하고 겸손하여 청중을 즉시 편안하게 만들었다. 그리고 곧 이어 동물 버디의 사연으로 이야기를 이어갔다.

"버디의 사연은 안타까운 동물들의 이야기 중 하나일 뿐입니다. 우리의 도움을 기다리는 동물들이 얼마나 많은지 상상도 못할 거예요. 하지만 보호소는 더 이상 늘릴 공간이 없어요. 그래서 오늘 여러분께 도움을 요청하는 겁니다. 오늘 모인 돈은 더 많은 동물들을 돌보고, 아픈 동물들을 치료하며, 동물들이 편안하게 지낼 수 있는 새로운 보금자리를 만드는 데 쓰일 거예요."

연설의 목표는 사실과 수치로써 분위기를 압도하는 것이 아니라 처음부터 개인적인 차원으로 소통하는 것이었다. 무엇보다 그녀는 이번 연설을 준비하며 감정적인 연결이 그들의 마음을 열게 하는 열쇠란 중요한 사실을 깨달았기 때문이다. 연설의 전반부는 이웃에게 전하듯 쉬운 말로써 보호소가 처한 상황을 설명했고, 작은 금액에 대한 감사함과 호소를 담아 연설을 마무리했다.

"여러분의 작은 정성이 버디처럼 어려운 상황에 처한 동물들에게 새로운 삶을 선물할 수 있습니다. 부담 없이 도와주세요. 우리 모두 함께라면 더 많은 동물들을 행복하게 만들 수 있어요."

진심이 담긴 목소리와 표정, 그리고 생생한 이야기. L양의 연설은 마치 한 편의 감동적인 이야기와 같았고, 청중의 마음은 깊이 흔들릴 수밖에 없었다. 매력적인 언어, 진정한 비언어적 표현, 잘 구성된 메시지를 결합함으로써 이날 모금 행사가 더욱 성공적으로 진행될 수 있었다.

위의 사례와 같이 스피치 스타일링은 그저 평범한 사람들에게도 자신의 이야기를 생생하게 전달하고 다른 사람들에게 영감을 주는 강력한 도구로써 작용한다. 유명한 광고에서 "야, 너두 할 수 있어."라고 단언하듯 우리가 굳이 전문적인 연설가는 아닐지라도, 자신만의 스타일을 개발하면 다양한 상황 속에서 더욱 효과적으로 소통할 수 있는 것이다.

인터뷰, 프레젠테이션, 회의, 대화… 우리는 매일같이 다양한 상황에서 말을 해야만 한다. 이때 상황에 맞춰 말하는 방식을 조절하는 것은 매우 중요하다. 딱딱한 회의 자리에서는 논리적이고 명확하게 말해야 하지만, 친구들과의 대화에서는 편안하고 자연스러운 어투가 어울리는 것처럼.

다음은 몇 가지 상황과 효과적인 스피치 스타일링 전략에 관한 내용이다. 이를 참고하여 비슷한 유형의 상황에서 더욱 원활하게 소통하고, 자신감 있는 모습을 표현하도록 하자.

면접을 위한 스피치 스타일링

면접은 단순한 질문과 답변의 시간을 넘어, 자신을 가장 잘 어필할 수 있는 기회이다. 면접관에게 깊은 인상을 남기고 원하는 직무를 얻으려면 체계적인 준비가 필요하다. 다음은 성공적인 면접을 위한 맞춤형 가이드이다.

1. 언어 전략: 명확하고 간결한 언어 표현으로 자신을 어필
- 쉬운 말로, 명확하게: 전문적인 용어 대신 누구나 알 수 있는 쉬운 말을 사용하여 자신을 소개한다.
- 핵심만 전달: 질문의 요지를 파악하고 핵심적인 내용만 간결하

게 전달한다.
- 구체적인 예시: 경험이나 성과를 설명할 때는 구체적인 사례를 들어 설명하면 더욱 효과적이다.

2. 비언어 전략: 긍정적이고 열정적인 태도를 보여준다
- 열정적인 태도 전달: 목소리 톤과 표정으로 자신감과 열정을 표현한다.
- 정중한 표현: 면접관에게 존중하는 마음을 담아 말한다.
- 잠시 생각하기: 답변하기 전에 잠시 생각하는 시간을 갖는 것은 신중한 자세를 보여준다.
- 열린 자세: 어깨를 펴고 똑바로 앉아 자신감 있는 모습을 보여준다.
- 적절한 눈맞춤: 면접관과 눈을 맞추며 대화에 집중하는 모습을 보여준다.
- 자연스러운 제스처: 손짓을 활용하여 말하는 내용을 강조할 수 있지만, 과도한 제스처는 오히려 역효과를 낼 수 있다.

3. 내용 구성 전략: 구조적인 답변, 매너와 비전 표현
- 관련성 강조: 답변은 항상 지원하는 직무와 연관 지어 설명해야 한다.
- 문제 해결 능력 어필: 과거에 어려운 문제를 해결했던 경험을

통해 문제 해결 능력을 어필한다.
- 자연스러운 연결: 다른 주제로 넘어갈 때는 자연스러운 연결어를 사용하여 답변의 흐름을 매끄럽게 만든다.
- 감사 인사: 면접에 참여해주신 면접관에게 감사의 마음을 전하고 회사에 대한 기대감을 표현한다.
- 질문 준비: 면접관에게 질문을 준비하여 적극적인 모습을 보여준다.

회의를 위한 스피치 스타일링 전략

회의는 다양한 의견을 공유하고 효율적인 의사결정을 위한 중요한 상황이다. 효과적인 스피치 스타일링은 회의의 성공을 좌우한다. 언어, 비언어, 내용 구성 세 가지 측면에서 회의를 위한 스피치 스타일링 전략을 살펴보자.

1. 언어적 전략
- 명확하고 간결한 표현
- 복잡한 문장보다는 간결하고 명확한 문장을 사용하여 메시지를 효과적으로 전달한다.
- 전문 용어 사용을 자제하고, 누구나 이해할 수 있는 쉬운 표현을 사용한다.

- 핵심 메시지 중심
- 하고 싶은 말을 미리 정리하고, 핵심 메시지를 명확하게 전달한다.
- 서론, 본론, 결론으로 구성하여 논리적인 흐름을 만들고, 청중의 집중력을 유지한다.
- 경청과 공감
- 상대방의 의견을 경청하고 공감하는 태도를 보여준다.
- "OO님의 말씀에 동의합니다.", "OO님의 의견도 중요하다고 생각합니다."와 같이 긍정적인 표현을 사용한다.
- 적절한 어휘 선택
- 상황과 목적에 맞는 어휘를 선택하여 전달하고자 하는 바를 정확하게 전달한다.
- 너무 딱딱하거나 반대로 너무 가볍지 않도록 적절한 톤을 유지한다.

2. 비언어 전략
- 눈맞춤
- 상대방과의 눈맞춤을 통해 진정성과 자신감을 보여준다.
- 모든 참석자에게 고르게 시선을 분배하여 모두에게 존중받는다는 느낌을 준다.
- 자세

- 허리를 곧게 펴고 어깨를 편안하게 하여 자신감 있는 모습을 보여준다.
- 손동작을 적절히 활용하여 강조하고 싶은 부분을 부각시킨다.
- 표정
- 미소를 통해 부드러운 인상을 주고, 진지한 표정으로 중요한 내용을 전달한다.
- 목소리
- 또렷하고 명확한 목소리로 말하며, 속도와 높낮이를 조절하여 청중의 집중도를 높인다.

3. 내용 구성 전략
- 명확한 목표 설정
- 회의를 통해 무엇을 얻고 싶은지 명확하게 정의한다.
- 목표를 달성하기 위한 구체적인 논의 주제를 설정한다.
- 논리적인 구성
- 서론, 본론, 결론으로 구성하여 논리적인 흐름을 만들고, 청중이 쉽게 이해하도록 한다.
- 객관적인 데이터 제시
- 필요한 경우, 데이터나 자료를 활용하여 주장의 신뢰성을 높인다.
- 시각자료를 활용하여 복잡한 내용을 간결하게 전달한다.

- 다양한 의견 존중
- 다른 사람의 의견을 경청하고 존중하며, 자신의 의견과 다른 점을 찾아 공통점을 모색한다.
- 결론 도출 및 다음 행동 계획
- 회의를 통해 도출된 결론을 명확하게 정리하고, 다음 행동 계획을 제시한다.

프레젠테이션을 위한 스피치 스타일링

프레젠테이션은 단순한 정보 전달을 넘어 청중을 설득하고 영감을 주는 강력한 도구이다. 효과적인 프레젠테이션을 위해서는 언어, 비언어적 표현, 그리고 내용 구성이 조화롭게 어우러져야 한다.

1. 언어 전략: 명확하고 설득력 있는 메시지 전달
- 핵심 메시지 중심: 복잡한 내용보다는 핵심 메시지를 명확하게 전달하여 청중의 집중도를 높인다.
- 단순하고 명료한 표현: 전문 용어를 최소화하고, 쉬운 단어와 문장을 사용하여 누구나 이해할 수 있도록 한다.
- 구체적인 예시: 숫자, 데이터, 사례 등 구체적인 예시를 활용하여 내용의 신뢰도를 높이고 청중의 이해를 돕는다.
- 스토리텔링: 흥미로운 이야기를 활용하여 청중의 공감대를 형

성하고, 메시지를 오래 기억하게 한다.
- 설득력 있는 어조: 자신감 있는 어조로 말하여 청중을 설득하고, 신뢰감을 형성한다.

2. 비언어 전략: 눈빛, 표정, 몸짓으로 생동감을 더한다
- 눈맞춤: 청중의 눈을 바라보며 친밀감을 형성하고 집중도를 높인다.
- 자세: 어깨를 펴고 허리를 곧게 펴서 자신감 있는 모습을 보여준다.
- 제스처: 적절한 제스처로 강조하고 싶은 부분을 부각시키고, 발표에 생동감을 더한다.
- 표정: 미소, 끄덕임 등으로 긍정적인 분위기를 조성하고, 청중과의 교감을 이끌어낸다.
- 목소리: 속도, 높낮이, 강약을 조절하여 청중의 집중도를 유지하고 중요한 부분을 강조한다.

3. 내용 구성 전략: 논리적인 흐름과 설득력 있는 스토리텔링
- 명확한 구조: 서론, 본론, 결론으로 구성하여 내용의 흐름을 명확하게 한다.
- 논리적인 전개: 논리적인 순서로 내용을 구성하여 청중이 쉽게 이해할 수 있도록 한다.

- 시각 자료 활용: PPT, 영상 등의 시각적인 효과를 더하고 이해를 돕는다.
- 스토리텔링: 흥미로운 이야기를 활용하여 청중의 몰입도를 높이고 메시지를 오래 기억하게 한다.
- 질문 유도: 청중에게 질문을 던져 참여를 유도하고 쌍방향 소통을 이끌어낸다.

경쟁 발표(콘테스트) 유형을 위한 스피치 스타일링

경쟁 형식의 발표는 자신의 생각과 가치를 효과적으로 전달하고, 청중을 설득하는 종합적인 역량이 필요하다. 더욱 성공적인 경연을 위해서는 언어, 비언어적 표현 그리고 내용 구성의 세 가지 요소를 조화롭게 활용해야 한다.

1. 언어 전략: 설득력 있는 메시지 전달
- 핵심 메시지 중심: 복잡한 내용보다는 핵심 메시지를 명확하게 전달하여 청중의 집중도를 높인다.
- 단순하고 명료한 표현: 전문 용어를 최소화하고 쉬운 단어와 문장을 사용하여 누구나 이해할 수 있도록 한다.
- 구체적인 예시: 숫자, 데이터, 사례 등 구체적인 예시를 활용하여 내용의 신뢰도를 높이고 청중의 이해를 돕는다.

- 스토리텔링: 흥미로운 이야기를 활용하여 청중의 공감대를 형성하고 메시지를 오래 기억하게 한다.
- 설득력 있는 어조: 자신감 있는 어조로 말하여 청중을 설득하고 신뢰감을 형성한다.
- 다양한 어휘: 같은 단어의 반복을 피하고, 다양한 표현을 사용하여 지루함을 없애고 전문성을 어필한다.

2. **비언어적 전략: 눈빛, 표정, 몸짓으로 생동감을 더한다**
- 눈맞춤: 청중의 눈을 바라보며 소통하여 친밀감을 형성하고, 집중도를 높인다.
- 자세: 어깨를 펴고 허리를 곧게 세워서 자신감 있는 자세를 보여준다.
- 제스처: 적절한 제스처를 사용하여 강조하고 싶은 부분을 부각시키고 발표에 생동감을 더한다.
- 표정: 미소, 끄덕임 등의 표정을 통해 긍정적인 분위기를 조성하고 청중과의 교감을 이끌어낸다.
- 목소리: 속도, 높낮이, 강약을 조절하여 청중의 집중도를 유지하고 중요한 부분을 강조한다.

3. **내용 구성 전략: 논리적인 흐름과 설득력 있는 스토리텔링**
- 강력한 시작: 흥미로운 질문, 놀라운 사실, 역사적인 이야기 등

으로 청중의 호기심을 자극한다.
- 명확한 구조: 서론, 본론, 결론으로 구성하여 내용의 흐름을 명확하게 한다.
- 논리적인 전개: 논리적인 순서로 내용을 구성하여 청중이 쉽게 이해할 수 있도록 한다.
- 시각 자료 활용: PPT, 영상 등을 활용하여 시각적인 효과를 더하고 이해를 돕는다.
- 스토리텔링: 흥미로운 이야기를 활용하여 청중의 몰입도를 높이고 메시지를 오래 기억하게 한다.
- 질문 유도: 청중에게 질문을 던져 참여를 유도하고, 쌍방향 소통을 이끌어낸다.

상담(고객 응대) 유형을 위한 스피치 스타일링 전략

상담은 단순한 정보 전달을 넘어, 내담자의 마음을 움직이고 변화를 이끌어내는 중요한 과정이다. 따라서 상담을 위한 스피치 스타일링은 내담자와의 신뢰를 구축하고, 효과적인 소통을 위해 매우 중요한 요소라고 할 수 있다.

1. 언어 전략: 공감과 이해를 바탕으로
- 공감 표현: "OO님이 느끼는 감정은 충분히 이해됩니다."와 같

은 공감 표현을 사용하여 내담자가 안심하고 이야기할 수 있는 분위기를 조성한다.
- 개방형 질문: "○○에 대해 좀 더 자세히 말씀해 주실 수 있나요?"와 같은 개방형 질문을 통해 내담자의 생각과 감정을 깊이 있게 탐색한다.
- 긍정적인 표현: "○○님은 정말 용기 있는 결정을 하셨네요."와 같은 긍정적인 표현을 사용하여 내담자의 자존감을 높인다.
- 전문 용어 최소화: 전문적인 용어보다는 쉽고 명확한 표현을 사용하여 내담자가 쉽게 이해할 수 있도록 한다.
- "저"보다는 "우리" 중심의 표현: "우리 함께 이 문제를 해결해 나가요"와 같이 함께 문제를 해결해 나가는 주체임을 강조한다.

2. 비언어적 전략: 신뢰와 안정감을 주는 표현
- 눈맞춤: 내담자의 눈을 바라보며 진정성을 보여주고 집중하고 있음을 표현한다.
- 자세: 편안하고 개방적인 자세를 유지하여 안정감을 주고 내담자가 편하게 이야기할 수 있도록 한다.
- 고개 끄덕임, 미소: 적절한 고개 끄덕임과 미소는 내담자의 말에 귀기울이고 있음을 보여준다.
- 적절한 거리 유지: 너무 가깝거나 멀지 않은 적절한 거리를 유

지하여 편안한 분위기를 조성한다.
- 긴장 완화를 위한 제스처: 손짓이나 몸짓을 통해 긴장을 완화하고 편안한 분위기를 조성한다.

3. **내용 구성 전략: 논리적인 흐름과 공감을 바탕으로**
- 문제 정의: 내담자가 겪고 있는 문제를 명확하게 정의하고, 함께 해결 방안을 모색한다.
- 감정 인식: 내담자가 느끼는 감정을 인정하고 공감하며, 그 감정이 나타난 이유를 함께 탐색한다.
- 자원 강조: 내담자가 가지고 있는 강점과 자원을 강조하여 자존감을 높이고, 문제 해결에 대한 자신감을 심어준다.
- 목표 설정: 구체적이고 현실적인 목표를 설정하고 목표 달성을 위한 계획을 함께 세운다.
- 긍정적인 마무리: 상담을 마무리하며 내담자의 노력을 칭찬하고 다음 상담에 대한 기대감을 높인다.

신중히 선택된 패션 요소들이 개성과 감정을 표현하듯, 잘 짜여진 스피치 스타일링 요소들은 말하기를 예술처럼 빚어낸다. 그리고 예술의 끝에는 마음에 잔잔한 울림을 남기는 순간이 깃들어 있다. 상황에 맞는 어조와 진심어린 눈빛, 그리고 단어 하나하나…멋진 옷 한 벌이 오늘 하루를 밝히듯, 잘 표현된 스피치는 청중의 마음에 빛을 더한다.

 이제, 당신이 선택한 스피치 스타일링 요소들이 누군가의 마음에 깊은 여운을 남기기를 바란다. 그 순간을 통해 연결의 예술을 완성해보자. 서로의 기억 속에 깊은 발자국을 남길 수 있도록.

명사들의
스피치 스타일링 따라잡기

"네가 아무것도 할 수 없다고 말하지 마. 나도 마찬가지야."

윌 스미스 주연의 영화 '행복을 찾아서'는 좌절과 역경 속에서도 꿈을 향해 나아가는 한 남자의 이야기를 보여주며 깊은 감동을 선사한다. 특히, 크리스 가드너가 아들에게 건네는 한마디는 영화의 핵심 메시지를 담고 있는 명장면으로 꼽힌다.

이 장면은 단순한 대사를 넘어, 관객을 깊은 성찰의 길로 이끈다. "네가 할 수 있다고 믿는 한, 너는 할 수 있어."라는 또 다른 대사는 아이들의 잠재력을 믿고 응원하는 부모의 모습을 보여주며, "나는 포기하지 않아. 절대."라는 그의 외침은 역경 속에서도 희망을 잃지 않고 끊임없이 노력하는 강인한 의지를 드러낸다.

윌 스미스의 드라마틱한 연기는 이러한 감동을 더욱 극대화시킨다. 진정성 있는 눈빛과 목소리로 전달되는 그의 메세지는 크리스 가드너의 절박함과 아들에 대한 사랑을 생생하게 전하며 관객의 마음을 두드린다.

 간결하고 명확한 메시지, 진정성 있는 전달 방식 그리고 맥락과의 조화. 영화 '행복을 찾아서'는 단순한 영화를 넘어 말 한 마디가 가진 힘을 보여주는 좋은 콘텐츠의 예시다. 이 작품은 관객들에게 깊은 감동을 선사하고, 마음속에 오랫동안 기억될 수 있는 메시지를 전달하고 있다.

 비단 영화 뿐만이 아니다. 실제 우리 세상을 움직이는 사람들, 즉 명사들은 마치 마법을 부리듯 사람들의 마음을 끌어당기는 메세지를 펼친다. 그들의 말 한마디는 시대를 변화시키고, 수많은 사람들에게 영감을 불어넣는다. 스티브 잡스의 간결하고 강렬한 어투, 마틴 루터 킹 Jr.의 감동적인 설득력, 오프라 윈프리의 공감을 불러일으키는 따뜻한 목소리처럼, 이들은 각기 다른 분야에서 성공을 거두었지만, 공통적으로는 모두가 뛰어난 스피치 능력을 갖추고 있었다.

 그렇다면 이들의 말은 왜 이토록 강력한 힘을 발휘할 수 있었을까? 그 비결은 바로 그들만의 독특한 '스피치 스타일링'에 있다. 스피치 스타일링은 책에서 계속해서 언급하듯, 단순히 말을 잘하는 기술을 넘어, 청중의 마음을 움직이고 행동을 변화시키는 예술이 아닐 수 없다. 명사들은 자신만의 스타일로 메시지를 전달하여 청중에게 깊은 인상을 심어주고 공감대를 형성하며 결국에는 변화를 이끌어 내는 재주를 발휘한다.

이렇듯 영화 '행복을 찾아서' 와 같은 콘텐츠, 그리고 스티브 잡스, 마틴 루터 킹 Jr., 오프라 윈프리와 같은 명사들의 사례는 우리에게 말의 힘을 다시 한번 상기시켜준다. 그리고 이들의 성공적인 스피치 스타일링에는 몇 가지 공통점이 있기 때문에 꼼꼼히 관찰해 볼 필요가 있다.

- 명확한 메시지: 그들은 복잡한 내용을 간결하고 명확하게 전달하는 능력이 뛰어나다. 핵심 메시지를 먼저 제시하고 구체적인 예시와 비유를 통해 이해를 돕는다.
- 강력한 설득력: 데이터와 논리적인 근거를 바탕으로 청중을 설득한다. 또한, 감성적인 이야기와 개인적인 경험을 통해 공감을 이끌어낸다.
- 청중과의 소통: 일방적인 전달이 아닌, 청중과의 활발한 소통을 통해 공감대를 형성한다. 질문을 받고 답변하며 청중의 반응에 따라 내용을 유연하게 조절한다.
- 자신감 넘치는 태도: 자신감 넘치는 목소리와 표정, 그리고 당당한 자세는 청중에게 신뢰감을 준다.
- 독창적인 스타일: 다른 사람과 차별화되는 자신만의 스타일을 가지고 있다. 이는 오랜 시간 연습과 경험을 통해 만들어진 결

과다.

이와 같은 명사들의 화법적 공통성, 그리고 이들 각자가 가진 노하우를 익히는 것은 우리가 더 나은 스피커가 되는 데 분명 큰 도움이 된다. 케이스 분석을 통해 우리도 충분히 멋진 한마디를 구사하고, 다른 사람들에게 영감을 줄 수 있다는 사실. 다음 세계적인 명사들의 몇 가지 케이스를 살펴보며, 나에게 맞는 훈련법과 스타일링은 무엇인지 고민해 보자.

버락 오바마, 스토리텔링과 정서적 연결의 대가

연습 방법

- 연설문 작성 및 리허설: 버락 오바마는 뛰어난 연설문 작성 기술로 유명하지만 그의 연설문은 항상 여러 번의 리허설을 거치곤 했다. 그는 종종 연설문 작성자 및 직원과 함께 연설 연습을 하며 내용뿐만 아니라 적절한 감정적 무게로 핵심 메시지를 전달하는 방법에 대해서도 논의했다.
- 텔레프롬프터 훈련: 오바마는 연설 중에 텔레프롬프터를 자주 사용하지만 연설을 자연스럽고 자연스러운 것처럼 보이게 만드는 능력으로 유명하다. 그의 연습에는 텔레프롬프터를 사용한 리허설이 포함되어 있어 로봇처럼 뻣뻣하게 보이거나 화면에 지나치게 의존하지 않았다.

- 음성 준비 및 호흡 운동: 강력한 목소리를 관리하고 명확하게 말하기 위해 오바마는 연설하기 전에 종종 호흡 운동을 진행했다. 또한 강조를 위해 속도를 늦추거나 높일 때를 파악하면서 음성 연출을 고민했다.

스피치 스타일링 노하우

- 스토리텔링 및 개인적인 일화: 오바마는 자신의 연설에 개인적인 이야기나 관련된 일화를 가미하여 엮는 방식이 주를 이룬다. 이러한 이야기는 청중과 감정적으로 소통하는 데 도움이 되며, 연설이 개인적이고 영감을 주는 느낌을 갖게 한다.
- 포근한 어조: 그는 평소에도 사용하는 포근하고 친근한 어조를 스피치에서도 유지했다. 이는 청중과의 유대감을 강화하는 데 큰 역할을 했다.
- 시각적 연결: 오바마는 자신의 말을 시각적으로 표현하는 데 능숙했다. 그는 손짓, 얼굴 표정, 몸짓 등을 통해 메시지를 더욱 잘 전달했다.
- 편안한 자세: 오바마 대통령은 스피치에서도 편안한 자세를 유지했다. 이는 그의 자연스러운 매력을 더욱 강조했다.

예: 2004년 민주당 전당대회 기조연설

오바마의 가장 유명한 연설 중 하나는 2004년 민주당 전당대회에서의 기조연설이다. 이 연설은 그를 전국적인 관심으로 이끌었고 그의 여러 연설 전략을 결합하는 능력을 보여주었다. 그는 자신의 성장 과정과 개인적인 여정에 대해 이야기하면서 자신의 이야기를 청중과 공감하게 만듦과 동시에 국민과 감정적으로 연결되는 데 큰 도움이 되었다. 오바마의 희망과 화합에 대한 메시지는 청중의 깊은 울림을 불러일으키고 미래에 대한 비전을 심어주었다.

오프라 윈프리, 감성 소통의 마법사

연습 방법
- 자기 성찰과 공감: 오프라 윈프리는 연설을 준비할 때 개인적인 접근 방식을 취하는 것으로 유명하다. 그녀는 자신의 메시지를 곰곰이 생각하며 그것이 어떻게 다른 사람들에게 도움이 되고 영감을 줄 수 있는지 자문하는 데 시간을 보냈다. 그녀는 자신의 말 속에 담긴 감정에 깊이 공감하고, 진심을 담아 전달하는 실천을 했다.
- 보컬 워밍업: 오프라는 보컬 연습을 통해 자신의 깊고 풍부한 목소리에 대한 통제력을 유지하고 연설의 감정적인 뉘앙스에 맞게 톤을 조절하는 등의 워밍업을 했다.
- 거울 앞에서 리허설: 오프라는 종종 거울 앞에서 얼굴 표정과

몸짓을 관찰하기 위해 연습했다. 이는 그녀가 더욱 자연스럽게 보이고 감정이 말과 일치하도록 도와준다.

스피치 스타일링 노하우

- 진정성 및 공감성: 그녀의 가장 큰 강점은 청중이 보고 듣는 느낌을 갖게 만드는 능력에 있다. 주로 개인적인 일화를 공유하고 자신의 취약점에 대해 공개적으로 이야기한다. 이는 그녀의 연설을 공감하고 깊이 인간적으로 만든다.
- 공감과 연민: 청중의 경험을 직접적으로 이야기하는 그녀의 공감적 언어 사용은 그녀 스타일의 특징이다. 그녀는 공유된 어려움과 승리를 언급함으로써 감정적으로 연결되어 청중이 자신의 여정의 일부인 것처럼 느끼게 한다.
- 적절한 유머 사용: 오프라는 유머를 적절히 사용하여 긴장감을 완화시키고 청중과의 유대감을 높인다.
- 확신 있는 목소리: 오프라는 자신감 있는 목소리와 톤으로 말한다. 이는 청중에게 신뢰감을 주며, 그녀의 메시지를 더욱 강력하게 만든다.

예: 2018년 골든 글로브 시상식에서 오프라 윈프리의 수락 연설은 그녀의 연설 스타일을 보여주는 완벽한 예다. 그녀는 여성의 권한 부여와 정의에 중점을 두고 개인 스토리텔링과 공감, 감동적인

전달 방식을 사용하여 청중의 공감을 불러일으켰다.

스티브 잡스, 비전과 혁신의 전달자

연습 방법

- 콘텐츠 리허설 및 다듬기: 잡스는 연설문을 미리 작성했지만 여러 번 연습하면서 내용과 전달 방식을 다듬었다. 다 외우지 않고 핵심만 모아서 리허설을 해서 자연스러운 흐름을 만드는 식 또한 그는 텔레프롬프터 사용을 피하고 요점에만 의존하거나 전혀 의존하지 않고 연설을 자연스럽고 흥미롭게 유지했다. 속도와 타이밍을 개선하기 위해 소그룹 앞에서 실제 연습을 시뮬레이션 한 것으로도 유명하다.
- 정신적, 정서적 준비: 잡스는 연설의 성공과 청중과의 관계를 상상하면서 시각화 기술을 사용했다. 제품에 대한 그의 감정적 투자가 핵심이었다. 또한 단지 발표만 하는 것이 아니라 진정한 열정으로 말하면서 제품 공개가 개인적인 느낌을 갖도록 했다.

스피치 스타일링 노하우

- 단순성과 집중성: 잡스는 복잡한 아이디어를 간단하고 명확한 메시지로 정제하는 데 탁월했다. 특히 프리젠테이션을 최소화

하고 시각적 요소가 거의 없는 핵심 아이디어에 초점을 맞춰 청중이 자신과 제품에 계속 집중할 수 있도록 한 부분이 주목을 받았다. 종종 기대감을 조성하고 긴장감을 조성하기 위해 "한 가지 더…"와 같은 문구로써 제품 공개를 하기도 했다.

- 속도, 타이밍 및 극적인 쉼: 속도를 세심하게 조절하여 드라마틱한 포인트를 위해 속도를 늦추고 흥분을 위해 속도를 높였다. 그는 일시 정지, 쉼을 효과적으로 사용하여 주요 진술이 청중의 공감을 불러일으키도록 했다. 특히 제품을 드라마틱하게 공개하는 그의 타이밍은 청중의 참여를 유지했다.
- 스토리텔링 및 개인화: 개인적인 이야기를 사용하여 청중과 감정적으로 연결하고 제품을 단순한 기술 사양이 아닌 더 큰 비전의 일부로 구성했다. 이러한 접근 방식은 기술을 좀 더 친근하게 만들어주었다.
- 카리스마와 신체 언어: 잡스의 자신감 넘치는 자세와 의도적인 손짓은 그의 무대 존재감을 더욱 돋보이게 했고 그의 연설을 매력적이고 기억에 남게 만들어주었다. 그의 유명한 "One more thing" 순간은 상징적이 되어 긴장감을 조성하고 청중의 관심을 끌었다.

예: 2007년 iPhone 출시

2007년 아이폰 출시 당시 잡스는 단순함, 속도감, 스토리텔링을 결합했다. 가장 우선적인 특징은 최소한의 시각적 요소를 사용하여 iPhone의 혁신적인 기능을 강조한 부분이다. 이와 함께 그의 멈춤은 긴장감을 불러일으켰고 그의 개인적인 열정은 제품 공개가 역사적인 순간처럼 느껴지도록 만들었다.

말콤 글래드웰, 설득력 있는 연설가

베스트셀러 작가이자 저널리스트인 말콤 글래드웰은 설득력 있는 대중 연설로 유명하다. 그의 스피치 연습 방법과 스타일링은 연구, 단순성, 스토리텔링을 강조하는 것이 특징. 대화 어조, 전략적인 속도, 청중과 감정적으로 연결되는 능력은 그를 효과적이고 기억에 남는 연설자로 만들었다.

연습 방법
- 철저한 조사: 글래드웰은 연설이 자신의 책과 마찬가지로 잘 조사되었는지 확인했다. 그는 강연하기 전에 자료를 이해하고 그것이 청중과 어떤 관련이 있는지 이해하는 데 중점을 두었다.
- 리허설 및 반복: 그는 반복할 때마다 연설의 흐름과 내용을 다듬고 청중 피드백을 기반으로 조정하면서 여러 번 연습했다.
- 내러티브 작성: 스토리텔링을 사용하여 복잡한 아이디어를 설명하고 간단한 일화부터 시작해 더 자세한 개념으로 이어지도

록 내용 구성을 짰다.
- 실시간 피드백: 종종 소규모 그룹 앞에서 자신의 자료를 테스트하여 청중의 반응에 따라 콘텐츠와 전달 방식을 조정했다.

스타일링 노하우
- 단순한 언어: 글래드웰은 명확하고 접근 가능한 언어를 사용하여 복잡한 주제를 세분화하여 청중이 쉽게 따라갈 수 있도록 합니다.
- 대화 스타일: 그는 편안하고 대화적인 방식으로 말하여 친밀감을 형성하고 청중의 참여를 유지하는 데 중점을 두었다.
- 신체 언어 및 속도: 차분하고 편안한 신체 언어를 사용하여 과도한 몸짓 없이도 자신의 아이디어가 중심이 될 수 있도록 스피치를 진행했다. 또한 속도 조절에 능숙하며 잠시 멈춤을 사용하여 핵심 요점을 강조하고 청중이 정보를 흡수할 수 있도록 했다.
- 매력적인 공감: 시선을 유지하고 수사학적 질문을 사용하여 청중과 함께 탐색을 공유하는 느낌을 자아냈다. 그의 진정성은 그의 전달을 더욱 공감하도록 만들었다.

예: "선택, 행복, 그리고 스파게티 소스"에 관한 TED 강연
그의 유명한 TED 강연에서 글래드웰은 소비자 선택에 대한 우리

의 생각 방식에 혁명을 일으킨 식품 과학자인 Howard Moskowitz 에 대한 이야기를 들려준다. 그는 복잡한 아이디어를 설명하기 위해 간단한 언어와 관련 있는 예를 사용했다. 글래드웰의 전략적 속도와 쉼의 연출을 통해 청중은 정보를 소화하고 멋진 통찰력을 얻을 수 있었다.

유명인들의 스피치 스타일링 예시를 살피며 그들의 성공 비결을 느껴보았는가. 그들은 단순히 말을 하는 것이 아니라, 자신만의 스타일을 고수하며, 진정성 있는 메시지를 전달하고 있다. 이것이 바로 스피치 스타일링의 핵심임을 잊지 말자.

또한 유명인의 스피치를 무작정 따라하는 것이 아니라, 그들의 방식을 참고하고 벤치마킹하여 자신의 목표를 이루는 것이 중요하다. 옛 항해사들은 바다에서 방향을 잡기 위해 별자리를 참고했는데, 그 중에서도 북극성은 항상 일정한 위치에 있어 방향을 잡는 데 큰 역할을 했다. 마찬가지로, 여러분이 스피치 여정에서 따라가고 싶은 길잡이 별, 북극성은 누구인가? 그 별을 따라 여러분만의 스피치에 도달해보자.

반복이 만들어내는 완벽한 작품

　새벽이슬이 맺힌 찬 공기를 마시며 거리를 뛰어본 적이 있는가? 영화 '록키'에 등장하는 록키 발보아는 매일 아침 어둠이 짙게 깔린 거리로 나선다. 눈을 뜨자마자 단단히 묶은 스니커즈를 신고, 검은 비니를 머리에 얹은 채, 트레이닝복 차림으로 문을 열고 나가게 된다. 그의 발소리는 조용한 새벽거리에 메아리치며, 그는 혼자만의 결의를 다지며 나아간다. 새벽의 찬 공기를 마시며 그의 폐는 타들어 가지만, 록키는 멈추지 않는다. 그저 앞을 향해, 자신의 목표를 향해 쉼 없이 뛰어나간다.

　록키의 달리기는 단순한 운동 이상의 의미를 지닌다. 매일 아침 반복되는 이 훈련은 그의 신체적 능력을 키우는 동시에, 그의 정신력을 단단하게 만든다. 날이 갈수록 그의 다리는 더욱더 강해지고,

그의 심장은 더 강하게 뛰기 시작한다. 도심 속 조용한 거리를 가로지르며, 록키는 어둠 속에서 빛을 찾아 나아가는 것처럼 느껴진다. 그의 땀방울은 차가운 아스팔트를 적시며, 그의 몸은 피로에 지쳐가지만, 그는 결코 멈추지 않는다. 그리하여 그는 자신과의 싸움에서 이기기 위해 달리기를 계속한다.

이윽고, 필라델피아 미술관 앞에 도착한 록키는 마지막 남은 힘을 모아 계단을 오르기 시작한다. 그 계단은 마치 끝이 없는 도전처럼 느껴지지만, 록키는 한 걸음 한 걸음씩 자신을 밀어붙인다. 그의 발은 점점 더 무거워지고, 그의 숨은 더욱 거칠어지지만, 그는 결코 포기하지 않는다. 계단을 오르는 동안 그의 마음속에는 강한 의지와 결의가 차오른다. 마침내, 그는 계단 꼭대기에 도달해 두 팔을 번쩍 들어올리며, 승리의 포효를 외친다. "Adrian! I did it!" 그의 목소리는 차가운 새벽 공기를 가르며 울려 퍼진다.

반복된 연습과 훈련은 승리를 끌어당기는 원동력! 자신의 목표를 달성하며 우리에게 연습과 훈련의 중요성을 다시 한 번 일깨워 준 영화 속 록키 이야기. 그저 단순한 영화 한편이 아니라 우리 모두에게 영감을 주는 명작으로서 자리하고 있다.

록키가 건네는 교훈은 우리네 일상, 그리고 스피치 훈련에도 그대로 적용된다. 목표를 향해 나아가고자 하는 우리의 노력 속에서, 반복된 연습은 우리를 조금씩 성장하게 만든다. 매일 조금씩 더 나아지는 과정은 비록 느릴지라도 결국에는 큰 성과를 이룰 수 있는 기초를 다져준다. 록키가 보여준 것처럼 꾸준한 훈련은 결코 배신하지 않는 것이다.

더 나아가 반복된 연습은 스피치 자신감을 높이고 무대 위에서의 긴장감을 줄여 완벽의 경지를 선사한다.

스피치 스타일링은 그저 한번 시도해보는 것이 아니라, 반복 연습이 성장의 관건이다. 발음, 속도, 제스처 등 모든 요소를 무의식에 심는, '나의 것'으로 만들어야 하기 때문. 오직 반복된 연습을 통해 우리는 자신만의 스타일을 찾고 그 스타일을 극대화할 수 있다.

또 한가지 중요한 요소는 '실전과 같은 리허설을 반복하는 것'이다. 이는 단순히 내용을 암기하는 것을 넘어서 실제 상황에서의 긴장감과 변수들을 경험하며 완벽한 스피치를 만들어 나가는 과정이다. 아래 제시된 내용을 통해 실전 리허설의 중요성과 구체적인 훈련법을 파악해보자.

실전 리허설의 중요성

실전 리허설은 말처럼 실제 상황과 최대한 유사한 환경에서 스피치를 연습하는 것을 의미한다. 이는 다음과 같은 이유로 중요하다.

- 긴장감 극복: 실제 상황에서 느끼는 긴장감을 미리 경험하고 극복할 수 있다.

- 변수 대응: 예상치 못한 상황이나 질문에 대비할 수 있다.
- 자신감 향상: 반복적인 리허설을 통해 스피치에 대한 자신감을 키울 수 있다.
- 내용 숙지: 실전 리허설을 통해 내용이 더 자연스럽게 나올 수 있도록 한다.
- 제대로 된 방법으로 연습: 반복 연습을 할 때는 올바른 방법을 알고 연습하는 것이 중요하다. 잘못된 방식으로 연습하면 오히려 나쁜 습관이 형성될 수 있기 때문이다.

구체적인 훈련법

1. 실전 환경 조성

- 청중 앞에서 연습: 가능한 가족, 동료 등 청중 앞에서 스피치를 연습한다. 청중의 반응을 직접 보며 실제 상황을 시뮬레이션할 수 있다.
- 리허설 장소: 실제 스피치 장소와 유사한 환경에서 리허설을 진행. 가능하다면 같은 장소에서 연습하는 것이 좋다.

2. 녹화 및 분석

- 녹화하기: 자신의 스피치를 녹화하여 발음, 제스처, 표현 등을 확인한다. 녹화된 영상을 반복해서 보며 개선할 점을 찾아 수

정할 수 있다.
- 분석하기: 녹화된 스피치를 분석하고 동료나 코치의 피드백을 받아 개선한다. 특히 자신이 놓친 부분이나 긴장감을 표현하는 습관이 있다면 반드시 체크한다.

3. 즉흥 연습
- 예상 질문 준비: 청중의 예상 질문을 미리 준비하고 이에 대한 답변을 연습한다. 예상치 못한 질문에도 당황하지 않고 차분하게 대처할 수 있도록 해야 한다.
- 즉흥 스피치: 사전에 준비된 내용이 아닌, 즉흥적으로 주제를 받아 스피치를 해보는 연습을 한다. 이를 통해 유연하게 대처하는 능력을 키울 수 있다.

4. 타이밍 연습
- 시간 측정: 스피치의 각 부분에 시간을 측정하여 적절한 분배와 속도를 유지한다. 전체 시간을 조절하며 연습하여 시간 내에 스피치를 마칠 수 있도록 한다.
- 일정 부분 강조: 중요한 부분에서는 천천히 말하고, 덜 중요한 부분에서는 속도를 내어 연습한다. 이를 통해 청중의 관심을 끌고 유지할 수 있다.

5. 반복 리허설

- 일정 시간 확보: 매일 일정한 시간을 정해 실전 리허설을 반복한다. 꾸준한 반복 연습이 매우 중요하다.
- 자기 평가: 연습 후 자신의 발전 상황을 평가하고, 개선할 부분을 기록한다. 다음 성장을 위한 단단한 발판이 되어준다.

이러한 훈련법을 통해 실전과 같은 리허설을 반복하면 실제 스피치 상황에서도 긴장하지 않고 완벽한 발표를 진행할 수 있을 것이다. 한편 반복 연습을 할 때는 무작정 임하는 것이 아니라 올바른 방법을 알고 연습하는 것 또한 중요함을 기억하자. 잘못된 방식으로 연습하면 오히려 나쁜 습관이 형성될 수 있기 때문에 전문적인 지침과 피드백을 바탕으로 꾸준히 연습해야 한다.

청중의 시선이 당신에게 집중되고 메시지가 그들의 마음에 깊이 스며드는 그 순간 알게 될 것이다. 그동안의 반복 연습과 훈련이 결코 헛되지 않았음을. 이 모든 과정은 단지 스피치의 완성을 넘어 삶의 자신감과 나의 능력치를 끌어올리는 여정이었음을. 그날을 꿈꾸며 꾸준한 연습을 반드시 이어가도록 하자.

나 또한 스피치 교육 전문가로서 매일 반복된 연구와 경험을 쌓고 있다. 정교한 조각을 완성하는 조각가처럼, 새로운 지식과 경험의 조각을 다듬는 과정이 필요하기 때문이다. 조각을 다듬는 데엔 꽤 많은 시간이 걸리지만 그 과정에서의 노력과 헌신이 결국에는 아름다운 작품으로 탄생한다. 이번 스피치 스타일링에 관한 집필 역시 그러한 여정 일로에 놓여 있다.

요즘 '중꺾마'라는 표현이 빈번하게 쓰인다. 포기하지 않는 마음가짐이 현대인들에게 큰 의미를 주기 때문이다. '중요한 것은 꺾이지 않는 마음'이라는 말이 우리가 직면하는 수많은 도전과 어려움 속에서도 끝까지 해내고자 하는 의지를 다짐하게 만든다. 삶의 모든 순간마다 반복해서 의지를 다지도록 하자. 그리고 마지막으로 스피치에서 가장 중요한 것은 '중꺾연', 중요한 것은 꺾이지 않는 연습이다.

부록

스피치 스타일링 4주 챌린지

훌륭한 연설가는
청중의 마음을 사로잡는 예술가이다

마크 트웨인

나만의 스피치 스타일을 찾아 떠나는 여정! 약 4주간의 체계적인 스피치 연습을 통해 자신에게 가장 잘 맞는 스피치 스타일을 발굴하고, 발표 능력을 향상시켜 보자. 꾸준히 연습하고 피드백을 받으며 발표 능력을 향상시켜 나가다 보면 어느새 매력적인 스피커로 거듭나 있을 당신. 이번 도전을 통해 자신의 잠재력을 최대한 발휘하고, 당당하게 자신의 목소리를 내보이며 스피치의 예술을 경험할 수 있을 것이다.

스피치 스타일링 챌린지는 매주 제시되는 실습과 훈련을 수행하고, 스스로를 평가하며 지속적으로 개선해 나가는 방식으로 구성되어 있다. 더불어 실습 내용을 토대로 매일 1~3분의 자유스피치를 녹화하며 훈련하기를 추천한다. 이 과정을 통해 어느새 실력은 훌쩍 자라있을 것이다. 단순히 말하기 연습을 넘어, 나만의 이야기를 효과적으로 전달하는 방법을 배우고, 매력 있는 발표자가 될 수 있도록 도와주는 실습 과정. 4주 후, 당신은 그 어느 때보다 반짝반짝 빛나는 자신을 발견하게 될 것이다.

WEEK 1 **나만의 스피치 스타일을 발견하다**
WEEK 2 **평범을 특별함으로 '스피치 컬러링'**
WEEK 3 **유연한 상황대처를 위한 '스피치 핏'**
WEEK 4 **스피치 스타일링, 매력의 힘을 더하다**

WEEK 1
나만의 스피치 스타일을 발견하다

 스피치 스타일링 챌린지의 첫 번째 주제는 마치 새로운 세계로 떠나는 탐험의 시작과 같다. 나만의 목소리를 발견하고, 자신감을 키워 나가는 특별한 경험을 할 수 있기 때문이다. 우선 녹화를 통해 나를 객관적으로 바라보고 가장 편안하면서도 매력적인 표현 방식을 모색하자. 스스로를 믿고 당당하게 말하는 비언어 훈련은 자신감을 더욱 끌어올려 줄 것이다. 단순히 말하는 기술을 배우는 것을 넘어, 진정한 나를 발견하고 성장하는 과정. 이번 주 훈련이 여러분의 잠재력에 첫 번째 노크를 하게 될 것이다.

로드맵

Step1 나의 스피치 진단과 파악

자신의 스피치 강점과 약점을 파악하는 과정을 통해 자신을 객관적으로 바라보고 개선해야 할 부분을 정확히 인지해보자.

Step2 나만의 스피치 매력 탐색하기

나만의 스피치 매력을 탐색하며 개성 있는 표현 방식을 찾아나가는 과정을 통해 스피치에 대한 흥미를 높여보자.

Step3 자신감 있는 태도, 명쾌한 음성 부여하기

긴장을 완화하고 자신감 있는 비언어를 갖추는 방법들을 터득한다. 이어 명쾌한 음성 연출부문에서는 조음 기관의 움직임을 세밀하게 고려하며 훈련해보자.

Step1
나의 스피치 진단과 파악

1. 1분 스피치 및 녹화

주어진 1분의 시간 동안 '자기소개' 또는 '최근에 겪은 즐거운 일'을 주제로 이야기하며 녹화를 해보자. 녹화된 영상을 보면서 자신의 강점과 약점을 보다 객관적으로 분석할 수 있을 것이다.

1분 스피치 내용 구성

간결성: 핵심 내용을 간결하게 전달해 청중의 집중력을 유지한다.

명확성: 어려운 단어나 문장은 피하고 쉽고 명확한 내용을 전달한다.

구체성: 숫자, 예시 등을 활용하여 내용을 구체화 한다.

2. 스피치 분석 결과 기록

아래 질문과 같은 요소들을 고려하며 결과표에 분석 결과를 간략하게 기록 해보자.

- 목소리는 크고 또렷하게 들리는가?
- 말의 속도는 적절한가? 너무 빠르거나 느리지는 않은가?
- 높낮이와 톤은 다양하게 사용되었는가?
- 발음은 정확한가? 어색한 부분은 없는가?
- 자신감 있는 태도로 말했는가?
- 청중과 눈을 맞추었는가?
- 표정은 자연스러웠는가?
- 제스처는 적절하게 사용되었는가?
- 주제가 명확하게 전달되었는가?
- 짜임새 있는 구성으로 이야기했는가?
- 청중을 설득할 수 있는 내용인가?

항목	평가기준	분석결과	개선방향
목소리	크기, 높낮이, 속도, 톤, 음색		
어투	정확성, 유창성, 자연스러움		
말 습관	반말, 어색한 표현, 반복되는 단어		
논리	주제와 내용 연결성, 논리적 전개		
표현 방식	비유, 예시, 스토리텔링 활용		
태도	자신감, 열정, 흥미		
시각적 요소	눈맞춤, 제스처		

Step2
나만의 스피치 매력 탐색하기

분석 결과를 바탕으로 개선해야 할 부분과 매력점을 파악하고, 구체적인 스타일링 목표를 설정한다.

1. 강점 파악
스피치 녹화와 분석 결과를 바탕으로 자신의 강점을 3가지 이상 찾아보자.

> 예) 목소리가 듣기 편하다, 스토리텔링 능력이 뛰어나다 등

2. 약점 보완
스피치 분석을 통해 개선해야 할 부분을 파악하고, 구체적인 목표를 설정해보자.

> 예) 긴장하면 속도가 빨라지는 경향, 안정된 페이스로 말하기 등

3. 나만의 스타일 정의

자신의 강점을 살리고 약점을 보완하여 나만의 '추구 스피치 스타일'을 정의해보자.

예) 나는 명확하고 논리적인 구성으로 청중에게 핵심 메시지를 전달하며, 흥미로운 스토리텔링으로 지루하지 않게 이야기를 이끌어가는 스타일이다.

Step3
자신감 있는 태도, 명쾌한 음성 부여하기

바른 자세와 태도, 그리고 명쾌한 음성 연출은 내면의 자신감을 표출하고 상대에게 신뢰감을 주는 중요한 요소로 작용한다. 뿐만 아니라, 긴장을 완화하고 목소리에 힘을 실어주어 더욱 효과적인 발표를 가능하게 만든다. 이러한 전반적인 비언어 교정을 통해 단순히 말을 잘하는 것을 넘어, 보다 신뢰 있고 매력적인 모습으로 소통할 수 있다.

자신감 있는 태도 훈련

1. 자세 교정

바른 자세는 자신감 있는 이미지를 조성하며, 호흡을 안정적으로 만들어 음성을 단단하게 만들어준다. 특히 바른 자세는 몇 초 만에 결정되는 첫인상과 밀접한 관계가 있기에 더욱 신경써야 한다. 아래 제시된 훈련법을 참고하며 어깨를 펴고 허리를 곧게 세우는 등 자신감 있는 자세를 훈련해보자.

발표자의 바른 자세

어깨를 펴고 가슴을 편다: 웅크리거나 구부정한 자세는 자신감 없어 보이고, 소리가 작아져 청중에게 잘 들리지 않을 수 있다.

무릎을 살짝 굽히고 체중을 골고루 분산한다: 안정적인 자세를 유지하고, 긴장을 완화하는 데 도움이 된다.

양발을 어깨너비로 벌리고 서기: 균형을 잡고 자유롭게 움직일 수 있도록 한다.

바른자세 훈련법

벽에 기대어 서기: 벽에 등을 대고 서서 귀, 어깨, 허리, 엉덩이, 무릎, 발목이 일직선상에 놓이도록 한다. 이 자세를 10분 정도 유지하며 바른 자세를 몸에 익힌다.

의자에 앉을 때: 허리를 곧게 펴고 어깨를 뒤로 젖힌 상태로 앉는다. 발은 바닥에 붙이고 무릎과 허벅지가 직각을 이루도록 한다. 등받이에 등을 기대되, 허리에 공간이 남도록 한다.

걷기 자세 교정: 시선은 정면을 향하고, 어깨는 자연스럽게 뒤로 젖힌다. 팔은 자연스럽게 흔들면서 걷는다.

스트레칭: 굳어있는 근육을 풀어주기 위해 매일 스트레칭을 해준다. 특히 어깨, 등, 허리 부위를 집중적으로 스트레칭한다.

2. 시선 훈련

청중의 눈을 마주보면 신뢰감을 형성하고 발표 내용의 집중도를 높일 수 있다. 더불어 시선을 통해 청중과 직접적으로 소통할 수 있고 발표 내용의 질문과 반응을 파악하기 쉽다는 장점이 있다. 시선을 자유롭게 이동시키면 발표가 더욱 생동감 있고 매력적으로 보이므로 훈련이 필수적이다. 아래 제시된 훈련법에 따라 청중의 눈을 자연스럽게 마주보며 시선을 이동시키는 연습을 해보도록 하자.

시선 훈련 방법

거울 연습: 거울을 보면서 다양한 표정과 함께 시선을 움직이는 연습을 한다. 특정 지점에 시선을 고정하고, 천천히 시선을 이동시켜 본다.

대상 지정 연습: 방 안의 여러 물체를 번갈아 가며 응시하며 시선을 이동시키는 연습을 한다. 가족이나 친구에게 부탁하여 서로의 눈을 보며 대화를 나눈다.

발표 연습: 가족이나 친구 앞에서 발표를 하면서 청중의 눈을 자연스럽게 마주보는 연습을 한다. 발표 내용에 맞춰 시선을 이동시키는 훈련을 해본다. 예를 들어, 중요한 내용을 강조할 때는 시선을 오래 머물게 하고, 덜 중요한 부분은 빠르게 지나가는 식으로 연습한다.

녹화 및 피드백: 스마트폰 등으로 자신이 발표하는 모습을 녹화하고, 시선이 어디에 집중되는지 확인한다. 녹화된 영상을 보면서 개선해야 할 부분을 파악하고, 다음 연습에 반영한다.

시선 훈련 시 주의사항

자연스러움: 시선을 의도적으로 움직이는 것이 아니라, 자연스럽게 청중과 소통하는 느낌을 주는 것이 중요하다.

균형: 청중 전체를 골고루 보면서 시선을 분배해야 한다. 특정 사람에게만 시선을 고정하는 것은 좋지 않다.

긴장 완화: 긴장하면 시선이 한 곳에 고정되기 쉽다. 긴장을 풀고 편안한 마음으로 발표에 임해야 한다.

상황에 맞는 시선: 발표 내용에 따라 시선을 달리해야 한다. 예를 들어, 객관적인 사실을 전달할 때는 시각 자료를 보면서, 자신의 의견을 제시할 때는 청중을 바라보면서 발표해야 한다.

3. 제스처 연습

제스처는 말과 함께 사용될 때 메시지를 더욱 효과적으로 전달하고, 청중의 이해를 돕는다. 또한 자신감 있는 제스처는 청중에게 설득력을 높여주고, 발표자의 주장에 대한 신뢰감을 형성한다. 단순히 말만 하는 것보다 다양한 제스처를 활용하면 발표가 더욱 생동감 있고 재미있어져 청중의 집중력을 높일 수도 있다. 상황에 맞는 손동작과 몸짓을 훈련하며 말에 힘을 실어주는 연습을 해보자.

제스처 연습 방법

자신의 제스처 관찰: 녹화된 스피치를 보면서 평소 자신이 어떤 제스처를 사용하는지 관찰해 본다. 어떤 제스처를 할 때 가장 자연스럽고 효과적인지 파악한다.

기본 제스처 익히기: 팔 전체를 이용하여 곡선을 그리듯 제스처 한다. 손가락 사이가 벌어지지 않도록 모으며 손바닥이 청중을 향하도록 내밀며 움직인다. 손, 팔, 어깨, 머리 등 신체의 다양한 부분을 함께 기울이며 표현하면 열정적인 모습을 연출할 수 있다.

상황별 제스처 연습: 발표 주제나 내용에 맞는 적절한 제스처를 선택하여 연습한다. 예를 들어, 중요한 내용을 강조할 때는 손을 앞으로 내밀거나, 크기를 비교할 때는 손으로 크기를 나타내는 등 상황에 맞는 제스처를 사용한다.

녹화 및 피드백: 자신이 발표하는 모습을 재차 녹화하여 제스처 사용이 자연스러운지, 메시지 전달에 도움이 되는지 확인한다. 다른 사람에게 피드백을 요청하여 개선점을 찾고, 더욱 효과적인 제스처를 만들어 간다.

꾸준한 연습: 제스처 연습은 꾸준히 해야 효과를 볼 수 있다. 그러므로 일상생활에서도 의식적으로 제스처를 활용하며 연습하는 것이 좋다.

제스처 연습 시 주의사항

과도한 제스처는 오히려 방해: 너무 과한 제스처는 오히려 청중의 시선을 분산시켜 메시지 전달을 방해할 수 있다.

자연스러움: 제스처는 자연스럽게 나와야 효과적이다. 반복 훈련을 통해 어색한 포인트를 줄여 나간다.

청중과의 교감: 제스처를 통해 청중과의 교감을 이끌어내는 것이 중요하다.

문화적 차이 고려: 문화에 따라 제스처의 의미가 다를 수 있으므로, 상대방의 문화를 고려하여 제스처를 사용해야 한다.

4. 상승형 표정 짓기

미소, 진지한 표정 등 표정 변화를 연출하며 메시지를 효과적으로 전달한다. 특히 상승형 표정은 긍정적인 에너지를 전달하고, 자신감을 높여주는 효과가 있다. 말 그대로 얼굴의 표정 근육들이 위로 향하는 것인데, 이를테면 눈썹이 살짝 올라가고 입꼬리가 올라가는 등 긍정적이고 활기찬 인상을 주는 표정을 말한다. 이러한 상승형 표정은 단순히 얼굴 근육을 움직이는 것을 넘어, 우리의 감정 상태까지도 변화시키는 강력한 힘을 가지고 있다.

상승형 표정 연출 방법

거울을 보며 연습: 거울 앞에서 다양한 상승형 표정을 지어본다. 눈썹의 쫑긋한 움직임, 눈 크게 뜨기, 광대 근육 올려 웃기 등 매력적인 자신의 표정을 찾아보자.

입꼬리 올리기: 웃음을 지을 때 광대의 애플존을 부각시키며 입꼬리를 의식적으로 올려보자. 처음에는 어색할 수 있지만, 꾸준히 연습하면 자연스러워진다.

긍정적인 생각하기: 긍정적인 생각을 하면 자연스럽게 상승형 표정, 온화한 눈빛이 표현된다.

표정 근육 운동: '푸르르르' 입풀기, '아에이오우', '똑딱똑딱' 등의

소리를 내며 얼굴 근육을 풀어주는 간단한 운동을 통해 표정 변화를 유연하게 만든다.

입꼬리에 힘 실어 말하기: 입꼬리에 힘을 주며 야무지게 어미처리를 한다. 보다 또렷한 인상을 만들 수 있다.

상승형 표정 연출 시 주의사항

자연스러움: 억지로 웃는 것처럼 보이지 않도록 자연스러운 표정을 유지하는 것이 중요하다. 이를 위해서는 무엇보다 상황 집중과 진정성이 필요하다.

상황에 맞게: 상황에 따라 적절한 표정을 사용해야 한다. 모든 상황에서 과도한 미소를 짓는 것은 오히려 어색하게 보일 수 있다.

꾸준한 연습: 상승형 표정은 하루아침에 만들어지는 것이 아니다. 하루 5분~10분 이상의 꾸준한 연습을 통해 자연스럽게 표현할 수 있도록 노력해야 한다.

명쾌한 음성 연출을 위한 발음 훈련

1. 조음기관 훈련

혀와 입술의 유연성을 높이고 다양한 소리를 내기 위한 운동이 필요하다. 이를 위해 우선 아래 제시된 어휘들을 크게 읽는 훈련을 추천한다. 'ㅗ', 'ㅏ' 'ㅓ' 등의 모음이 입술 근육을 유연하게 만들며, 'ㄹ', 'ㅁ', 'ㄱ' 등의 받침이 있는 음절은 혀를 구부리게 만들어 마찬가지로 유성을 높이는 효과를 낸다.

홀짝홀짝-훌쩍훌쩍 / 아장아장-어정어정
깜빡깜빡-껌뻑껌뻑 / 달랑달랑-덜렁덜렁
살금살금-슬금슬금 / 쪼록쪼록 -쭈륵쭈륵
촐랑촐랑-출렁출렁 / 파릇파릇-퍼릇퍼릇
팔랑팔랑-펄렁펄렁 / 모락모락-무럭무럭
발랑발랑-벌렁벌렁 / 사각사각-서걱서걱
도란도란-두런두런 / 가랑가랑-거렁거렁

2. 이중모음 훈련

이중모음 훈련은 단순히 이중모음 발음만을 위한 것이 아니라, 전반적인 발음 실력 향상에도 영향을 미치기 때문에 더욱 중요하다. 이중모음 훈련을 통해 발음 기관의 움직임을 정확하게 조절하는 능력을 키우도록 하자. 또한 단순히 두 개의 모음을 나누어 발음하는 것이 아니라, 하나의 소리로 자연스럽게 연결하여 발음해야 하는 까닭에 어려움을 겪기도 한다. 꾸준한 훈련을 통해 유창성을 기르도록 하자.

과학 화:재 좌:우 정:확 주관식
원두막 국권 뭐:든지
오:월의 환:한 햇살
만:원권 백만원권
시:민문화회:관
내:부순환도:로

3. 잘 되지 않는 발음의 교정

일부 잘 되지 않는 발음 교정은 음성의 명쾌함과 동시에 이미지의 호감도에 영향을 미치기 때문에 꾸준한 훈련을 하는 것이 좋다. 특히, 새는 소리나 굴러가는 ㄹ 받침처럼 우리말 발음에서 흔히 어려워하는 부분은 더욱 세심한 주의가 필요하다.

새는 소리 교정 (사, 자, 차, 싸, 짜, 싸 등)

- 혀의 위치: 혀끝을 윗잇몸 뒤쪽에 살짝 댄 상태에서 공기를 세게 내뿜어 본다
- 입술 모양: 발음 전 '으' 모양으로 시작, 발음을 시작할 때 혀끝에서 진동이 느껴지도록 소리낸다

연습 방법

- '사' 소리를 길게 늘여서 발음해보자
- '사사사사'를 빠르게 반복하며 입술과 혀의 움직임을 익히자
- '사과', '자동차', '차가워' 등의 단어를 포함한 문장을 읽어보자

굴러가는 ㄹ 받침 교정

- 혀의 위치: 혀끝을 윗잇몸 뒤쪽에 살짝 대고, 혀뿌리 부분을 들어 올려 공간을 만든다
- 입술 모양: 입술을 살짝 벌리고, 혀를 진동시켜 소리를 낸다

연습 방법

- '얼굴', '물', '칼' 등 ㄹ 받침이 들어간 단어를 천천히 발음해보자
- '랄랄라', '랄랄랄라'를 반복하며 혀의 움직임을 익히자
- '서울역에 가려면 지하철을 타야 해요.'와 같이 ㄹ 받침이 많이 들어간 문장을 읽는다.

챌린지 한주 결산

한 주간의 도전을 되돌아보는 시간. 챌린지의 결산은 단순히 연습 시간을 기록하는 것을 넘어, '변화와 성장'에 초점을 맞추며 구체적으로 가늠하는 과정이 중요하다. 1주 동안의 노력을 되돌아보고, 어떤 부분에서 발전했는지, 어떤 어려움을 겪었는지, 그리고 앞으로 어떤 목표를 설정할지 명확하게 파악할 수 있도록 기록해보자.

주간목표 달성도

이번 주에 설정한 목표 (예: 매일 10분 스피치 연습, 발음과 제스처 훈련 등)

목표의 달성 정도

달성하지 못한 부분과 이유

스피치 연습 기록

총 연습 시간

연습 주제

어려웠던 점(발음, 문장 구성, 긴장감 등)

개선해야 할 점

새롭게 알게 된 점

스피치 관련 이론이나 기술

나에게 맞는 연습 방법

나의 성장과 변화

스피치의 변화된 부분

가장 기억에 남는 순간

다음 주 목표

WEEK 2
평범을 특별함으로 '스피치 컬러링'

　두 번째 챌린지를 통해 당신의 목소리는 더욱 매력적으로 변화할 것이다. 억양의 기본기를 탄탄히 다지고, 억양의 높낮이, 강세, 속도를 조절해가며 스피치에 컬러를 입혀보는 시간. 평범했던 나의 메세지를 더욱 특별하게 표현하는 비법은 무엇일까? 듣는 이들의 마음을 사로잡는 보다 생생한 스피치를 경험해보자.

로드맵

Step1 억양의 기본 원리 이해하기

억양의 기본적인 개념을 익히고, 의미 전달과 청중과의 소통에 있어 억양이 가지는 중요도를 이해하는 시간이다.

Step2 억양 연출의 감각 기르기

다양한 연습 문제를 통해 억양을 실제로 활용해 보는 시간을 갖는다. 뉴스앵커, 라디오 DJ, MC 대본 등 다양한 캐릭터의 억양을 연출하며 감각을 익혀보자.

Step3 내 억양에 생동감 부여하기

다양한 상황과 주제에 맞춰 억양을 자유롭게 변화시키며 나만의 스피치 스타일을 탐구한다. 평범한 어투에 매력과 영향력을 부여해보자.

Step1
억양의 기본 원리 이해하기

　억양은 목소리의 다양한 요소들의 조합으로 이루어진다. 우선 높낮이는 말하는 목소리의 높낮이를 조절하여 의미를 달리하는 중요한 요소. 강세는 특정 단어나 음절에 힘을 주어 중요한 정보를 강조하는 역할을 한다. 속도는 말하는 속도를 조절하여 분위기를 조성하고, 긴장감을 높이거나 풀 수 있다. 대표적인 요소들을 익히고 조화로운 연출에 관한 감을 길러보자.

1. 높낮이 훈련

　단순한 소리의 변화가 아닌, 우리의 감정과 의도를 드러내는 가장 강력한 매개이다. 억양의 기본이 되는 높낮이는 마치 음악의 음계처럼 다양한 감정을 표현하는 데 중요한 역할을 한다. 기쁨, 슬픔, 분노, 놀람 등 복잡한 감정들은 높낮이의 미묘한 변화를 통해 더욱 생생하게 전달되는 것이다.
　예를 들어, "안녕하세요"라는 인사말 하나에도 높낮이에 따라 전혀 다른 의미를 부여할 수 있다. 밝고 경쾌한 높낮이로 말하면 반가움을, 낮고 차분한 어조로 말하면 정중함을 표현할 수 있다. 또한, 문장의 마지막 부분에서 높낮이를 올리면 의문을, 낮추면 확신을 나타낼 수 있다.

또한 높낮이는 단순히 감정 표현에만 그치지 않고, 의사소통의 효과를 높이는 데에도 중요한 역할을 한다. 적절한 높낮이를 사용하면 상대방의 주의를 집중시키고, 메시지를 더욱 효과적으로 전달할 수 있다. 특히, 발표나 강연과 같이 많은 사람들 앞에서 이야기할 때 높낮이의 중요성은 더욱 커지므로 지루한 어조로 일관하기보다는, 중요한 부분에서 높낮이를 변화시켜 청중의 흥미를 유발하고, 내용을 더욱 기억에 남도록 시도해보자.

하지만 높낮이를 자유자재로 활용하는 것은 생각보다 쉽지 않다. 사람들은 각자 고유의 억양을 가지고 있으며, 문화적 배경에 따라 높낮이를 사용하는 방식도 다르기 때문. 다양한 방송이나 영상을 보고 탐구하는 것도 좋지만, 자신의 목소리를 꾸준히 관찰하고, 나의 성향과 상황에 맞는 매력적인 높낮이를 만들어보자.

기쁨	목소리가 높아지고, 긍정적인 에너지를 표현하듯 밝고 경쾌한 느낌	억양연출: 위로 솟아오르는 곡선
슬픔	목소리가 낮아지고 울음 섞인 듯한 어두운 느낌	억양연출: 아래로 꺾이는 곡선
화남	목소리가 높아졌다 낮아지기를 반복하며, 강한 감정을 표현	억양연출: 갑작스럽게 높아졌다 낮아지는 불규칙적인 곡선
평온	평온한 상태에서는 목소리의 높낮이가 일정하게 유지	억양연출: 거의 변화가 없는 수평선

예문을 통한 훈련

↗ (올라가는 억양), ↘ (내려가는 억양) , 곡선 등을 사용하여 억양의 변화를 표기하고 직접 훈련해보자.

- 기본적인 문장 연습

의문문: 너 어디 가?
명령문: 지금 그만해!
감탄문: 와! 정말 신기하다!
평서문: 나는 사과를 좋아해.

- 다양한 감정 표현

기쁨: 나는 오늘 너무 행복해!
슬픔: 나는 너무 슬퍼
놀람: 정말? 말도 안돼!
분노: 지금 당장 나가!

- 긴 문장 연습

설명: 오늘 아침에 일어나서 커피를 마시고, 책을 읽었어.
나열: 사과, 배, 딸기, 포도 중에 나는 사과가 제일 좋아.

- 질문과 답변 연습

질문: 너 주말에 뭐 할 거야?
답변: 나는 친구랑 영화 볼 거야.

- 억양 변화 연습

같은 문장 다른 억양: 나는 너를 좋아해.
(친근하게, 냉담하게, 사랑스럽게 등 다양한 억양으로 표현)

- 실생활 대화 연습

가게에서: 이 옷 얼마예요?
전화에서: 지금 바로 갈게요.
친구와의 대화: 너 어제 뭐 했어?

2. 강세 훈련

단순히 소리에 힘을 주는 행위를 넘어 우리가 전달하고자 하는 메시지의 핵심을 부각시키는 강력한 도구이다. 마치 어두운 방 안에서 특정 물건에 스포트라이트를 비추듯, 강세는 문장 속에서 중요한 단어나 문장 성분을 돋보이게 하여 청자의 주의를 집중시킨다.

그렇다면 왜 강세가 중요할까? 우선 강세를 통해 우리는 의도하는 바를 명확하게 전달할 수 있다. 어떤 단어에 강세를 주느냐에 따라 문장의 의미가 달라질 수 있기 때문. 예를 들어, "나는 사과를 좋아해"라는 문장에서 '사과'에 강세를 주면 좋아하는 과일이 사과임을 분명하게 나타낼 수 있다.

또한 듣는 이의 흥미를 유발하고, 메시지에 대한 집중도를 높이는 데 효과적이다. 중요한 부분에 강세를 주면 청자는 자연스럽게 그 부분에 귀를 기울이게 된다. 우리의 감정을 더욱 생생하게 전달하는 데 도움을 주기도 한다. 예를 들어, "정말 화가 나!"라는 문장에서 '화가 나'에 강세를 주면 더욱 강한 감정을 표현할 수 있다.

이러한 강세를 효과적으로 활용하려면 첫째로 문장의 의미를 정확히 파악하고, 무엇을 강조하고 싶은지 명확하게 해야 한다. 그리고 강세를 준다고 해서 매 번 같은 식의 힘을 주는 것은 억지스럽다. 내용과 상황에 따라 톤 변화, 속도 변화 등을 주며 중요한 부분을 강조하는 것이 좋다. 문맥에 따라 다양한 강세 패턴을 활용하면서 더욱 풍부하고 생동감 있는 표현을 훈련해보자.

예문을 통한 훈련

굵게 강조된 키워드 외에 나름의 강조를 넣고 싶은 곳에 밑줄이나 동그라미 표시 등을 하자. 표시된 키워드나 음절이 자연스럽게 두드러지도록 강세나 높낮이를 달리하며 훈련해보자.

- 일상 생활

의견 표현: 나는 절대 맵게 먹지 못해.
부탁: 좀 빨리 와 줄래?
제안: 우리 내일 영화 보러 갈까?
감정 표현: 나는 지금 너무 행복해!
확인: 너 정말 갈 거야?

- 특정 상황

면접: 저는 팀워크를 중요하게 생각합니다.
발표: 이 프로젝트의 가장 큰 장점은 바로 효율성입니다.
회의: 이 문제는 시급하게 해결해야 합니다.
친구와의 대화: 나는 피자가 제일 좋아!

- 다양한 감정을 표현하는 문장

기쁨: 나는 너무 기뻐서 춤을 추고 싶어!
슬픔: 나는 너무 슬퍼서 울고 싶어.
화남: 나는 정말 화가 나!
놀람: 와, 정말 대단하다!

- 긴 문장 연습

일상 이야기: 지난 주말에 가족과 함께 바닷가로 여행을 가서 아름다운 풍경을 감상하고, 신나는 수영을 했어.

경험 공유: 몇 달 전에 시작한 프로젝트가 이제 마무리 단계에 이르렀고, 그동안 많은 도전과 성과를 경험했어.

감정 표현: 어제는 뜻밖의 선물을 받아서 너무 기뻤고, 오늘 하루 종일 행복한 기분을 느끼고 있어.

3. 속도 훈련

말하는 속도는 단순히 말을 얼마나 빨리 하느냐를 넘어, 우리의 메시지를 얼마나 효과적으로 전달하는지에 큰 영향을 미치는 중요한 요소로 통한다. 일정한 속도로 끊임없이 말하기보다는, 상황과 목적에 따라 말의 속도를 조절하는 것이 효과적인 의사소통을 위한 지름길이다.

스피치에서의 속도는 다양한 역할을 담당한다. 우선 메시지의 강조를 들 수 있다. 중요한 부분을 느리게 말하면 청중의 집중도를 높이고, 핵심 메시지를 명확하게 전달할 수 있고, 반대로, 흥미로운 부분이나 예시를 빠르게 말하면 청중의 호기심을 자극하고, 지루함을 없앨 수 있다.

감정 표현에 있어서도 말의 속도를 활용해야 더욱 효과적이다. 느린 속도는 진지함이나 슬픔을, 빠른 속도는 흥분이나 기쁨을 표현할 수 있다. 더불어 상대방의 반응을 살피면서 말의 속도를 조절하면 더욱 원활한 소통이 가능하다. 상대방이 이해하지 못하는 부분이 있다면 속도를 늦추고, 더 자세히 설명해주는 기법을 사용하면 된다.

이러한 말의 속도를 효과적으로 활용하려면 우선 문맥을 파악하자. 말하고자 하는 내용과 상황을 정확하게 파악하고, 어떤 부분을 강조하고 싶은지 명확하게 해야 한다.

그 다음으로 다양한 속도를 적용해야 한다. 일정한 속도로 말하기보다는, 중요한 부분은 느리게, 흥미로운 부분은 빠르게 말하는 등 다양한 속도를 활용하여 청중의 흥미를 유발하고 집중도를 높이는 훈련을 진행하자.

유의할 부분은 이 모든 속도의 변화는 자연스럽게 이어지도록 연습해야 한다는 것. 갑작스러운 속도 변화는 오히려 청중을 혼란스럽게 할 수 있으며, 상대방의 표정이나 반응을 살피면서 말의 속도를 조절해야 한다. 상대방이 지루해하거나 이해하지 못하는 것 같으면 속도를 늦추고, 더 자세히 설명해주는 것이 좋다.

예문을 통한 훈련

다양한 예문을 파악하며 상황과 목적에 따른 다양한 속도를 훈련하자. 더불어 나에게 적합한 말하기 속도를 찾아보도록 하자.

- 뉴스 기사
  - 빠르게: 오늘 아침, 서울에 갑작스러운 폭설이 내리면서 출근길이

완전히 마비됐습니다. 지하철역은 인파로 북새통을 이루고, 버스 정류장은 긴 줄을 서 기다리는 시민들로 가득했습니다. 특히, 강남역 주변은 교통체증이 심각하여 시민들의 불편이 가중됐습니다. 도로 곳곳에 쌓인 눈으로 인해 미끄러지는 사고가 잇따르면서 소방당국은 긴급 출동했습니다. 기상청은 오늘 오후까지 눈이 계속될 것으로 예보하고 있어 시민들의 각별한 주의를 당부했습니다.

- 천천히: 오늘 아침, 서울에 예상치 못한 폭설이 내리면서 시민들의 출근길이 혼잡했습니다. 갑작스러운 기온 저하와 함께 내린 눈은 도로를 미끄럽게 만들어 교통사고 위험을 높였습니다. 특히, 대중교통을 이용하려는 시민들이 몰리면서 지하철역과 버스 정류장은 평소보다 훨씬 혼잡했습니다. 서울시는 제설 작업에 총력을 기울이고 있지만, 갑작스러운 폭설에 시민들의 불편은 당분간 이어질 것으로 보입니다.

■ 시, 산문
- 느리게: 쓸쓸한 바람이 나뭇가지를 스치고 지나갑니다. 한 잎 두 잎 떨어지는 꽃잎은 마치 시간의 흐름을 보여주는 듯합니다. 봄날의 따스함은 사라지고, 겨울의 찬 기운이 스며듭니다. 텅 빈 가지를 바라보며 서 있는 저는, 마치 쓸쓸한 계절의 끝자락에 놓인 듯한 기분입니다.

- 빠르게: 꽃잎 흩날리는 봄바람아, 어디로 가는 거니? 푸른 잎사귀는 푸르름을 잃고, 꽃들은 시들어갑니다. 시간은 빠르게 흘러가고 계절은 변해가네. 봄이 가고 여름이 오듯, 우리의 삶도 변화하고 있습니다.

■ 동화
- 아이에게 읽어주는 듯 느리게: 옛날 옛날, 푸르른 숲 속에 토끼 한 마리가 살고 있었답니다. 토끼의 이름은 코코였어요. 코코는 반짝이는 눈과 긴 귀, 그리고 부드러운 털을 가진 아주 귀여운 토끼였지요. 코

코는 매일 숲 속을 뛰어다니며 친구들과 신나게 놀았어요. 특히, 코코는 당근을 무척 좋아해서 매일 아침 밭에 가서 당근을 뽑아 먹는 것이 일과였답니다.

- 흥미진진하며 빠르게: 어느 깜깜한 밤, 코코는 숲 속을 혼자 돌아다니다가 무시무시한 늑대를 만났어요. 늑대는 커다란 이빨을 드러내며 코코를 잡아먹으려고 했지요. 코코는 무서워서 얼음이 되어 버렸지만, 용기를 내어 늑대에게 말했어요. "늑대 아저씨, 제발 저를 잡아먹지 마세요! 제가 왜 이 숲에서 살게 되었는지 이야기를 해 드릴게요."

■ 일상 속의 스피치
- 친구에게 이야기하듯 빠르게: 어제 친구랑 같이 영화관에 갔는데, 새로 개봉한 그 로맨틱 코미디 영화 있잖아? 그거 진짜 너무 재미있게 봤어. 특히 여주인공이 너무 귀엽고 사랑스럽더라. 그리고 남주인공의 능글맞은 매력에 완전 반했어. 우리 둘 다 영화 보는 내내 웃느라 배꼽을 잡았다니까?

- 발표하듯 천천히: 오늘 발표할 내용은 우리 회사의 새로운 마케팅 전략입니다. 먼저, 최근 소비자 트렌드를 분석한 결과, 젊은 세대를 중심으로 친환경 제품에 대한 관심이 높아지고 있는 것을 확인했습니다. 이에 따라 우리 회사는 기존 제품의 패키지를 친환경 소재로 변경하고, 새로운 친환경 제품 라인을 출시할 계획입니다. 또한, 소셜 미디어를 활용한 마케팅을 강화하여 젊은 소비자들과의 소통을 확대하고, 브랜드 인지도를 높일 것입니다.

Step2
억양 연출의 감각 기르기
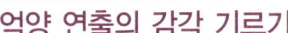

앞에서 훈련한 스피치의 높낮이, 속도, 강조 기법 등을 활용하여 다양한 캐릭터와 상황에서의 억양 연출을 경험해보자. 연습을 통해 억양이 단순한 소리의 변화가 아니라, 메시지의 힘을 좌우하는 중요한 요소라는 것을 느끼게 된다.

이와 더불어 억양 훈련은 어떤 상황에서도 자신 있게 의사소통할 수 있는 유연함을 길러 줄 것이다. 다소 엉성한 연출에 움츠릴 필요는 없다. 전문가를 흉내내는 것이 아니라, 오롯이 나의 느낌으로 문장에 생명력을 불어 넣어 보는 시도가 더욱 중요하기 때문이다.

제시된 다양한 장르의 예문을 충분히 예독하며 우선 나만의 기호로써 높낮이, 속도, 강조를 표기해보자. 이어 표기된 사항에 따라 천천히 크게 낭독하며 억양 연출의 감을 익히도록 하자.

1. 뉴스 앵커

객관적이고 신뢰를 주는 음성, 중요한 정보를 명확하게 전달하는 스피치.

최저임금 인상률을 놓고 노사 간 팽팽한 줄다리기가 이어지고 있습니다. 내년 최저임금은 역대 최대 인상률을 기록할 것이라는 전망이 나오는 가운데, 소상공인들의 부담 증가와 청년 일자리 감소 등 우려의 목소리도 만만치 않습니다. 최저임금 인상이 우리 경제에 미칠 영향을 심층 분석해 보겠습니다.

코로나19 팬데믹 이후 경기 침체와 물가 상승으로 소상공인들의 어려움이 가중되고 있습니다. 임대료, 인건비 상승 등으로 인해 많은 소상공인들이 문을 닫고 있습니다. 소상공인 지원 대책 마련이 시급한 상황입니다.

오늘 아침, 서울 도심에서 규모 3.2의 지진이 발생했습니다. 다행히 인명 피해는 없는 것으로 확인되었지만, 일부 건물에서 균열이 발생하는 등의 피해가 보고되었습니다. 기상청은 추가적인 여진 가능성에 대비해 시민들의 주의를 당부했습니다. 한편, 오늘 오후부터 전국적으로 비가 내릴 예정이며, 특히 남부지방에는 많은 비가 예상됩니다.

어제 열린 국회 본회의에서 새로운 법안이 통과되었습니다. 이번 법안은 저출산 문제 해결을 위한 다양한 지원책을 담고 있으며,

특히 육아 휴직 기간 확대와 보육 시설 확충 등에 중점을 두고 있습니다. 정부는 이번 법안 통과를 계기로 저출산 문제 해결에 더욱 박차를 가할 계획이라고 밝혔습니다.

▶ ▶ ▶ TIP

톤 변화(높낮이): 높낮이 변화를 최소화하여 안정적인 인상을 준다. 특히 중요한 정보를 전달할 때는 오히려 톤을 낮추어 집중도를 높일 수 있다.
속도 조절: 숨을 고르게 쉬고, 천천히 또렷하게 말하여 정확한 정보 전달을 돕는다. 너무 빠르거나 느린 속도는 청중의 집중력을 흐트릴 수 있다.
강조와 변화: 중요한 단어나 문장에 적절한 강세를 주어 청중의 집중도를 높인다. (예: 대규모 정전, 지하철 운행, 새로운 법안)하지만 과도한 강세는 오히려 어색하게 들릴 수 있으므로 주의해야 한다.

2. 라디오 DJ

매력적인 목소리와 다양한 억양이 가미된 스피치. 이를 통해 청취자들은 라디오 방송에 더욱 몰입하고, DJ와 공감대를 형성할 수 있다.

자, 밤 10시, 여러분의 곁을 조용히 메워줄 음악이 준비되어 있습니다. 따뜻한 차 한 잔과 함께, 오늘 하루의 피로를 잠시 내려놓고 감성적인 음악에 흠뻑 빠져보는 건 어떨까요? 잔잔한 기타 선율과 호소력 짙은 보컬이 어우러진 음악들이 여러분의 마음을 위로해 줄 거예요. 혹시 오늘 하루 있었던 특별한 일이나, 마음속에 담아두었던 이야기가 있다면, 저에게 사연을 보내주세요. 여러분의 이야기를 들려주세요.

여러분, 안녕하세요! 힘찬 월요일 아침, [프로그램 이름]의 [DJ 이름]입니다! 잠자리에서 벗어나기 힘든 월요일 아침이지만, 신나는 음악과 함께 활기차게 시작해 보시죠!

오늘 아침 여러분의 활력을 더해줄 곡들을 준비했어요. 신나는 비트와 함께 몸을 흔들며 상쾌한 아침을 맞이해 보세요! 혹시 오늘 하루 어떤 일을 계획하고 계신가요? 새로운 한 주를 시작하며, 목표를 설정하고 계획을 세우는 것도 좋은 방법이에요. 여러분의 목표를 응원하며, 오늘 하루도 즐겁고 행복하게 보내시길 바랍니다.

▶ ▶ ▶ TIP

톤 변화(높낮이): 밝고 경쾌한 톤부터 차분하고 진지한 톤까지 다양한 톤을 활용하여 프로그램의 분위기를 바꿔보자.
속도 조절: 중요한 메시지는 천천히, 흥미로운 이야기는 빠르게 전달하는 등 속도를 조절하여 청취자의 집중도를 높인다.
강조와 변화: 특정 단어나 문장에 강세를 주거나 끊임없이 변화하는 억양으로 청취자의 지루함을 없애고 흥미성을 높일 수 있다.

3. 행사 진행자

행사 MC의 멘트를 통해 감정, 생각, 의도를 밝히는 스피치 유형이다. 목소리의 높낮이, 강약, 속도뿐만 아니라 멈춤과 호흡의 포인트를 나름대로 표시한 뒤 연출해보자.

존경하는 OOO 기업의 임직원 여러분, 그리고 오늘 이 자리에 함께해주신 귀빈 여러분, 반갑습니다. 오늘 저희는 OOO 기업의 창립 OOO주년을 맞아 이 자리에 모였습니다. 지난 OOO년 동안 OOO 기업은 끊임없는 도전과 혁신을 통해 대한민국을 대표하는 기업으로 성장해왔습니다. 특히, OOO 분야에서 괄목할 만한 성과를 이루며 글로벌 시장을 선도해왔습니다. 오늘 이 자리에서 그동안의 노고를 격려하고 앞으로의 발전을 다짐하는 뜻깊은 시간을 갖도록 하겠습니다. 먼저, 오늘 행사를 위해 물심양면으로 지원해주신 OOO 회장님께 진심으로 감사드립니다.

\# 다음은 오늘 행사를 더욱 빛내줄 특별한 무대가 준비되어 있습니다. 세계적인 팝스타 OOO 씨의 축하 공연입니다. OOO 씨는 뛰어난 가창력과 화려한 무대 매너로 전 세계 팬들의 사랑을 받고 있는 가수입니다. 오늘 OOO 씨의 열정적인 무대를 통해 우리 모두 즐거운 시간을 보내시길 바랍니다. 큰 박수로 맞이해주시기 바랍니다.

▶ ▶ ▶ TIP

톤 변화 (높낮이): 낮고 안정적인 톤으로 시작하여 중요한 부분이나 회사명, 인사말 등에서는 톤을 높여 존중을 표현한다. 축하 공연 소개 시에는 톤을 높여 청중의 흥미를 유발하고, 감사 인사를 할 때는 톤을 낮춰 진심을 담아 전달한다. 감정을 담아 전달하고 싶은 부분에서는 톤에 변화를 주어 생동감을 더한다. 축하할 때는 밝고 경쾌한 톤을, 감사할 때는 따뜻하고 진솔한 톤을 사용한다.
속도 조절: 회사의 역사, 성과 등 중요한 내용은 천천히 또렷하게 전달하여 청중의 집중도를 높인다. 축하 공연 소개나 청중과의 소통 시에는 속도를 약간 빠르게 하여 활기찬 분위기를 조성한다. 다른 주제로 넘어갈 때는 잠시 멈추거나 속도를 늦춰 청중이 다음 내용에 집중할 수 있도록 한다.
강조 및 변화: 중요한 단어나 문장에는 힘을 주어 강조한다. 회사명, 수치, 특별한 성과 등을 강조. 톤, 속도, 강조를 다양하게 활용하여 밋밋한 멘트를 벗어나 청중의 흥미를 유발한다.
긴 문장보다는 짧고 간결한 문장을 사용하여 청중이 쉽게 이해하도록 한다.

Step 3
내 억양에 생동감 입히기

 단순히 목소리를 내는 것을 넘어 개성과 매력을 드러내고 이야기에 생명을 불어넣는 과정이다. 지난주와 같은 주제로 1분 스피치를 준비하며 자신의 목소리의 장점을 살리고 약점을 보완할 전략을 짜보자. 앞에서 익힌 높낮이, 강세, 속도 강조를 가미하고 더불어 표현하고 싶은 주제 콘셉트 맞게 느낌을 조절하며 감각을 길러볼 수 있다.

1. 스피치 보완점 설정

 지난주 1분 스피치를 통해 발견한 강점을 더욱 강화하고, 약점을 보완하는 방향을 모색하자

| 예시 |
자신감 있는 태도와 제스처를 유지하고, 말끝이 흐려지는 부분과 단조로운 억양에 유의. 더욱 명확하고 생동감 있는 스피치를 완성한다.

2. 억양 연출 스타일

상황과 분위기를 고려하여 그에 맞는 억양(톤, 속도, 높낮이 등)을 설정한다.

| 예시 | 우호적이면서도 자신감 넘치는 활기찬 톤, 명쾌하며 중요한 사항을 강조하기 위해 평소보다 약간 느린 속도, 단조롭지 않고서 약간의 변화를 가한 적당한 높낮이

3. 1분 스피치 Befere & After 비교

지난 주 챌린지에서 기록한 1분 스피치와 이번 주 1분 스피치 녹화물을 비교해보고 이를 통해 발전된 부분과 개선할 점 등을 기록한다.

| 예시 |
Before: 말끝이 흐려지고 억양이 단조로워 청중의 집중력을 끌기 어려웠다. 청중의 반응이 저조했고, 발표의 자신감이 부족했다.
After: 말끝 흐림 현상이 줄어들고, 억양이 다양해져 스피치가 더 생동감 있게 변했다. 청중의 주목을 더 잘 이끌어냈고, 발표의 자신감이 크게 향상되었다. 결과적으로 스피치의 전체적인 완성도가 높아졌다.

챌린지 한주 결산: WEEK 2

주간목표 달성도

이번 주에 설정한 목표 (예: 매일 10분 스피치 연습, 발음과 제스처 훈련 등)

목표의 달성 정도

달성하지 못한 부분과 이유

스피치 연습 기록

총 연습 시간

연습 주제

어려웠던 점(발음, 문장 구성, 긴장감 등)

개선해야 할 점

새롭게 알게 된 점

스피치 관련 이론이나 기술

나에게 맞는 연습 방법

나의 성장과 변화

스피치의 변화된 부분

가장 기억에 남는 순간

다음 주 목표

WEEK 3
유연한 상황대처를 위한 '스피치 핏'

　세 번째 챌린지는 일상생활 속에서 마주하는 다양한 상황에 맞춰 스피치 기법들을 조합하고 자신만의 목소리를 완성해보는 시간이다. 면접, 발표, 회의 등 다양한 상황을 설정하여 실전 연습을 진행하고, 전문가의 피드백을 통해 부족한 부분을 개선하며 자신감을 키워나갈 수 있다. 비언어적 표현, 어휘 선택, 문장 구성 등 상황에 걸맞는 스피치의 맵시를 더하며 효과적인 커뮤니케이션을 할 수 있도록 훈련해보자.

로드맵

Step1 상황 분석과 목표 설정

직장 회의, 면접, 발표, 데이트 등 다양한 사회생활에서 발생할 수 있는 상황을 설정한다. 각 상황에 맞는 효과적인 커뮤니케이션을 위한 구체적인 목표를 설정한다.

Step2 상황별 스피치 기법 탐구

상황별 적절한 비언어적 표현, 전문적인 어휘, 일반적인 어휘, 친근한 어휘 등 상황별 어휘 선택, 청중의 특성을 고려한 스피치 기법들을 조합한다.

Step3 상황별 스피치 기법 탐구

내가 처한 상황을 설정하고 스피치스타일링을 진행하여 실전 감각을 익힌다. 학습 동료 및 타인과 함께 피드백을 주고받으며 개선점을 찾는다.

Step 1
상황 분석과 목표 설정

마치 여행을 떠나기 전 지도를 꼼꼼히 살펴보는 것처럼 구체적인 상황을 분석하고 스피치를 통해 얻고자 하는 목표를 명확히 설정하는 단계이다. 이를 통해 스피치의 주제와 내용 그리고 전달 방식을 효과적으로 결정할 수 있다.

1. 상황 분석

스피치를 준비할 때는 장소, 시간, 청중, 목적 등 다양한 요소를 고려하고, 이를 바탕으로 메시지를 구성해야 한다. 디자이너가 맞춤 옷을 만들 듯, 청중에게 꼭 맞는 메시지를 전달해야 효과적인 소통이 될 수 있기 때문이다.

이번 챌린지를 통해 스피치 준비의 첫 단계인 '상황 분석'을 직접 경험해 보자. 상황 분석은 단순히 청중을 파악하는 것을 넘어, 그들이 어떤 생각을 하고, 무엇을 기대하는지 깊이 이해하는 과정. 자칫 상황을 정확히 파악하지 못하면 의도와 다른 메시지가 전달될 수 있어 유의해야 한다. 이렇듯 꼼꼼하게 이뤄진 상황 분석은 청중과의 공감대를 형성하고 스피치의 목표 달성에 큰 도움이 될 것이다.

상황 분석 시 고려해야 할 요소

- 장소: 스피치가 이루어지는 장소의 크기, 분위기, 시설 등을 고려하여 발표 방식을 결정한다. 예를 들어, 넓은 강당에서는 시각 자료를 활용한 발표가 효과적일 수 있다.
- 시간: 발표 시간, 시간대, 요일 등을 고려하여 청중의 집중도를 유지할 수 있는 발표 구성을 준비한다.
- 청중: 청중의 연령, 직업, 성별, 교육 수준, 관심사 등을 분석하여 청중의 눈높이에 맞는 내용을 전달한다.
- 목적: 스피치를 통해 무엇을 달성하고 싶은지 명확하게 설정한다. 정보 전달, 설득, 동기 부여 등 다양한 목적에 따라 스피치의 내용과 방식이 달라진다.

아래 주어진 예시와 같이 직장 회의, 면접, 발표, 데이트 등 다양한 사회생활에서 발생할 수 있는 나의 상황을 설정하고, 구체적으로 기록해보자.

| 예시 |
- 회사 신입사원 환영회 스피치
- 장소: 회사 대강당
- 시간: 오후 5시, 저녁 식사 후
- 청중: 신입사원들 (20대 초반, 다양한 전공 배경, 기업문화에 적응 중)
- 목적: 회사 문화 소개, 소속감 형성, 포부 공유
- 기타사항: 신입사원들의 긴장감 해소, 회사의 비전과 가치관 전달, 질의응답 시간 마련

2. 목표 설정

'나는 이번 스피치를 통해 무엇을 달성하려고 하는가?' 말하기에는 항상 청중에게 특정한 영향을 미치고자 하는 의도가 존재한다. 이러한 의도를 명확하게 정의하는 것이 바로 목표 설정. 즉, 스피치를 통해 무엇을 이루고 싶은지 명확하게 설정하는 것이다.

그렇다면 왜 목표 설정이 중요할까? 우선 스피치의 내용과 구성이 자연스럽게 연결되어 일관성 있는 메시지를 전달할 수 있기 때문이다. 목표에 맞는 자료를 수집하고 연습을 할 수 있어 효율적인 준비가 가능하다는 장점도 있다. 더불어 목표 달성 여부를 명확하게 평가하면 다음 스피치에 대한 개선점을 도출할 수 있어 유용하다.

목표 설정 시 고려해야 할 요소

정보 전달: 청중에게 특정한 정보를 정확하게 전달하는 것을 목표로 한다.
설득: 청중을 특정한 행동이나 의견으로 이끌어내는 것을 목표로 한다.
감동: 청중에게 감동을 주고 공감대를 형성하는 것을 목표로 한다.
행동 유도: 청중이 즉각적인 행동을 취하도록 유도하는 것을 목표로 한다.

| 예시 |
- 회의에서 새로운 프로젝트에 대한 정보 공유
- 제품 발표에서 구매를 유도
- 졸업식 축사에서 졸업생들에게 격려
- 기부 캠페인에서 기부를 요청

Step 2
상황에 따른 스피치 기법 설정

가족, 친구, 동료, 심지어 낯선 사람과의 대화까지, 일상에서의 우리는 이미 상대에 따라 말투와 태도를 달리하고 있다. 스피치도 마찬가지. 같은 내용이라도 상황에 따라 전달 방식을 달리해야 효과적으로 메시지를 전달할 수 있다.

이번 실습에서는 직접 내가 처한 상황을 설정하고, 각 상황에 맞는 효과적인 스피치 기법을 고민해야 한다. 단순히 말하는 것을 넘어, 목소리의 높낮이, 빠르기, 강약 조절과 같은 비언어적 요소부터 어휘 선택과 문장 구성까지. 다양한 스피치 기술을 활용하여 나만의 스피치 스타일을 구상하는 단계를 완성해보자.

1. 억양 (톤, 속도, 강세) 설정

억양은 앞서 WEEK 2 챌린지에서 다룬 훈련에서도 느끼듯, 스피치에서 매우 중요한 역할을 한다. 억양을 통해 우리는 감정을 표현하고, 메시지의 중요도를 강조하며, 청중의 집중도를 높일 수 있다. 내가 설정한 상황에 알맞은 억양을 요소별로 고민해보도록 하자.

| 예시 |

- 상황: 대기업 인턴십 면접
- 목표: 나의 강점을 어필하고, 회사에 대한 열정을 보여주도록 한다.
- 톤: 차분하고 또렷한 톤으로 자신감을 표현. 너무 낮거나 높은 톤은 오히려 불안정하게 보일 수 있어 유의한다.
- 속도: 천천히 또박또박 말하여 중요한 내용을 명확하게 전달. 너무 빠르게 말하면 중요한 부분이 묻힐 수 있어 유의한다.
- 강세: "저는 데이터 분석 능력을 바탕으로 문제 해결 능력을 키워왔습니다."와 같이 강조하고 싶은 단어에 강세를 주며 말한다.

2. 비언어적 표현(시선, 제스처, 표정, 자세) 설정

WEEK1 챌린지 훈련에서도 언급했듯, 스피치는 내용뿐만 아니라 비언어적 표현도 매우 중요하다. 비언어적 표현은 청중에게 강한 인상을 심어주고, 메시지의 전달력을 높이는 데 큰 역할을 한다는 사실을 기억하면서 적절한 연출을 고민해보자.

| 예시 |

1. 시선
- 청중과의 눈 맞춤: 청중 한 명 한 명과 눈을 맞추며 이야기하면 신뢰감을 주고, 더욱 집중하게 만든다.
- 강조하고 싶은 부분을 바라보기: 중요한 내용을 전달할 때는 해당 내용과 관련된 시각 자료나 청중을 바라보면서 강조.

2. 제스처
- 자연스러운 제스처: 말하는 내용과 일치하는 자연스러운 제스처로 메시지를 더욱 생생하게 만든다.
- 강조하고 싶은 부분을 더욱 크게 강조: 중요한 내용을 말할 때는 손을 펴거나 앞으로 내밀어 드라마틱하게 연출한다.

3. 표정
- 자신감 있는 표정: 자신감 있는 표정을 지어 청중에게 긍정적인 영향을 준다.
- 말하는 내용에 맞는 표정: 중요함, 놀라움 등 말하는 내용에 맞는 다양한 표정을 사용하여 효과를 낸다.
- 오프닝, 클로징 부분의 미소: 부드러운 인상을 주며 청중과의 거리를 좁힌다.

4. 자세:
- 똑바로 서기: 어깨를 펴 자신감 있는 모습을 보인다.
- 자유로운 움직임: 너무 경직된 자세보다는 자연스러운 움직임을 통해 편안한 분위기를 조성한다.

3. 어휘와 문장(수준, 스타일)설정

청중 맞춤형의 어휘 수준과 어조의 스타일을 사용하면 보다 설득력 있고 매력적인 스피치를 연출할 수 있다. Step1 상황 분석을 통해 도출한 내용을 바탕으로 청중의 수준과 상황에 맞는 적절한 어휘와 문장을 구상해보자.

| 예시 |
- 주제: 환경보호
- 대상: 초등학생
- 어휘: 쉽고 친근한 단어 사용 (지구, 쓰레기, 동물, 나무 등)
- 문장: 짧고 간단한 문장, 의문문 활용
- 스타일: 재밌고 흥미로운 이야기, 캐릭터 콘텐츠와 대중적 영상활용

Step 2
실전 연습 및 피드백

앞서 설정한 나만의 스피치스타일링에 맞춰 3분 스피치의 Befer & After 녹화를 진행하자. 리허설을 통해 대본이나 개요를 참고하며 내용을 숙지한 뒤, 대본 없이 녹화를 하도록 한다. 녹화를 통해 자신의 스피치를 객관적으로 평가하고, 부족한 점을 개선하기 위해 아래 피드백 항목을 참고하며 파악해보자.

전달
- 목소리: 목소리의 크기, 높낮이, 속도를 적절하게 조절했는가?
- 발음: 정확한 발음으로 말했는가?
- 어휘 선택: 상황에 맞는 적절한 어휘를 사용했는가?
- 문장 구성: 간결하고 명료한 문장으로 구성했는가?

태도
- 자신감: 자신감 있는 태도로 발표했는가?
- 시선 처리: 청중과 눈을 맞추며 발표했는가?
- 제스처: 적절한 제스처를 활용하여 표현했는가?
- 표정: 내용에 맞는 표정을 지었는가?

청중과의 상호작용 (상황에 따른 항목)
- 청중 반응: 청중의 반응을 살피며 발표 내용을 조절했는가?

- 질의응답: 질문에 대한 답변을 명확하게 했는가?
- 공감대 형성: 청중과 공감대를 형성했는가?

Before 종합 피드백

After 종합피드백

챌린지 한주 결산

주간목표 달성도

이번 주에 설정한 목표 (예: 매일 10분 스피치 연습, 발음과 제스처 훈련 등)

목표의 달성 정도

달성하지 못한 부분과 이유

스피치 연습 기록

총 연습 시간

연습 주제

어려웠던 점(발음, 문장 구성, 긴장감 등)

개선해야 할 점

새롭게 알게 된 점

스피치 관련 이론이나 기술

나에게 맞는 연습 방법

나의 성장과 변화

스피치의 변화된 부분

가장 기억에 남는 순간

다음 주 목표

WEEK 4
스피치 스타일링, 매력의 힘을 더하다

 마지막 챌린지는 나만의 이야기를 통해 스피치 스타일링을 완성해보는 과정이다. 그간 익힌 스피치 스타일링 기법들을 바탕으로, 직접 스피치를 준비하고 발표하는 기회를 갖는다. 상황과 그에 맞는 형식의 기법을 적용하면서 스피치 스타일링을 고민하고, 청중과의 소통 능력을 향상시켜 보자. 또한 피드백을 통해 자신의 강점과 개선점을 파악하면서 더욱 효과적인 스피치 노하우를 얻게 될 것이다.

로드맵

Step1 소재 발굴 및 스피치 주제 선정

자신을 탐색하고, 자신만의 독특한 이야기를 발굴하는 과정은 곧 나를 더 깊이 이해하고 성장하는 시간이 된다. 주제를 바탕으로 스피치의 목표를 설정하고, 청중에게 어떤 영향을 미치고 싶은지 구체적으로 생각해 보는 것이 중요하다.

Step2 스피치 내용 구성 및 연습

주제를 바탕으로 스피치의 뼈대를 세우고, 실제 발표를 위한 연습을 하는 단계. 이 단계를 거치면서 자신의 생각을 효과적으로 전달하는 방법을 익히고, 청중과의 소통 능력을 향상시킬 수 있다.

Step3 실전 발표 및 피드백

실제 청중 앞에서 스피치를 하고, 그 결과에 대한 피드백을 받는 단계이다. 실전과 같이 훈련하는 단계를 거치면서 실제 상황에 대한 적응력을 높이고, 자신감 있는 발표자가 되는 것을 목표로 한다.

Step1
소재 발굴 및 스피치 주제 선정

  자신만의 독특한 이야기를 발굴하고 이를 바탕으로 스피치 주제를 선정하자. 이는 마치 그림을 그리기 전에 밑그림을 스케치하듯, 주제와 내용에 관한 기획을 하는 것과 같다. 다양한 질문을 통해 자신의 경험과 생각을 깊이 탐색하고, 이를 통해 얻은 영감을 바탕으로 청중에게 전달하고 싶은 메시지를 담은 주제를 선정하자. 좀 더 자신의 내면을 깊이 들여다보고, 자신을 더 잘 표현할 수 있는 발판을 마련할 수 있을 것이다.

1. 브레인스토밍을 통한 소재 발굴

개인적인 경험: 인생의 전환점이 되었던 사건, 깊은 감동을 받았던 경험, 극복했던 어려움 등을 자유롭게 떠올려 본다. 이러한 경험을 통해 얻은 교훈이나 가치관을 정리해 보자.

관심사: 평소 관심 있는 분야, 좋아하는 것, 궁금한 것 등을 적어 본다. 최근 사회 이슈나 트렌드를 참고하여 스피치 주제와 연결할 수 있는 부분을 찾는다.

강점과 약점: 자신의 강점과 약점을 솔직하게 인정하고, 이를 스피치 소재로 활용할 수 있는 방법을 고민해 본다.

2. 청중 분석 & 스피치 목표 설정

청중 분석: 청중의 특성을 고려하여 어떤 메시지를 전달해야 효과적일지 생각한다.

스피치 목표 설정: 청중 분석을 통해 스피치 목표를 구체적으로 정한다.

Step2
스피치 내용 구성 및 연습

Step 1에서 선정한 주제를 바탕으로 실제 스피치를 만들어가는 단계. 건축가가 설계도를 바탕으로 건물을 짓듯이, 주제에 맞는 논리적인 구성을 만들고, 생생한 표현으로 스피치를 채워나가야 한다. 보다 청중의 흥미를 유발하고, 주제를 명확하게 전달하며, 강렬한 인상을 남길 수 있는 기법들을 고민해보자.

이번 단계에서는 아래 제시된 스피치 구성 TIP을 참고하여 3분 스피치 이상의 분량을 직접 기획하고 연출하도록 하자.

▶ ▶ ▶ TIP

3분 이상 스피치 구성 TIP

Opening
- 주목 집중: 1분 스피치와 마찬가지로 강렬한 질문, 놀라운 사실, 유머 등을 활용하여 청중의 시선을 사로잡는다.
- 배경 설명: 주제와 관련된 배경지식이나 역사적 사건 등을 간략하게 소개하여 청중의 이해를 돕는다.
- 주제 제시: 스피치의 핵심 주제를 명확하게 제시하고, 청중의 기대감을 높인다.
- 목표 설정: 스피치를 통해 무엇을 전달하고자 하는지 명확하게 밝힌다.

Body
- 소주제 설정: 하나의 큰 주제를 몇 개의 작은 소주제로 나누어 논리적인 흐름을 구성. 각 소주제마다 핵심 메시지와 예시를 제시하여 청중이 쉽게 따라올 수 있도록 한다.
- 스토리텔링 활용: 흥미로운 이야기나 사례를 활용하여 청중의 집중력을 높이고, 메시지를 더욱 효과적으로 전달한다.
- 근거 제시: 객관적인 사실에 관한 발표라면, 각 주장에 대한 논리적인 근거를 제시하고, 데이터나 사례를 활용하여 신뢰성을 높인다

Closing
- 핵심 메시지 재강조: 도입 부분에서 제시한 핵심 주장을 다시 한번 강조한다.
- 요약: 본론에서 다룬 주요 내용을 간결하게 요약한다.
- 비전 제시, 행동 촉구: 미래에 대한 전망을 제시 또는 청중에게 특정 행동을 요구한다.
- 강렬한 마무리: 인상적인 문장이나 질문으로 스피치를 마무리하여 청중에게 오래 기억될 수 있도록 만든다.

스피치 구성: 서론, 본론, 결론의 3단계 논리 틀 구성

서론

본론

결론

구체적인 내용 구상: 생생한 표현과 사례 활용

서론

본론

결론

Step3
실전 발표 및 피드백

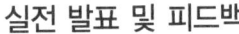

이론과 연습을 바탕으로 실제 청중 앞에서 스피치를 하고, 그 결과에 대한 피드백을 받도록 하자. 마치 운동선수가 훈련장에서 연습한 기술을 시합에서 선보이고 코치의 지도를 받는 것처럼, 스피치 연습의 마지막 단계에서는 실제 발표 상황을 경험하고 자신의 강점과 약점을 파악하는 것이 중요하다. 피드백을 통해 자신의 스피치를 개선하고, 더욱 유능한 발표자가 될 수 있다.

1. 내용 관련 피드백

- 주제의 명확성: 주제가 명확하게 전달되었는가?
- 내용 구성: 내용의 흐름이 잘 연결되었으며, 핵심 내용이 명확하게 전달되었는가?
- 소재의 충분성: 주장을 뒷받침하는 근거가 충분했는지, 자료나 사례가 적절하게 활용되었는가?

2. 전달 방식 관련 피드백

- 목소리: 목소리의 크기, 높낮이, 속도 등이 적절했는가? 발음에 문제가 있었는가?
- 시각적 요소: 시선 처리, 몸짓, 표정 등이 자연스럽게 전달되었는가? 내용과 조화를 이루었는가?
- 시간 관리: 발표 시간을 잘 지켰는가? 간결한 형태로 전달했는가?
- 청중과의 소통: 청중과의 눈맞춤, 질의응답 등을 통해 소통이 이루어졌는가?

3. 전체적인 평가

- 흥미 유발: 청중의 흥미를 유발하고 집중도를 높였는가?
- 긴장도: 경직되지 않고서 자연스러운 스피치를 진행했는가?
- 스피치 스타일링 완성도: 나만의 느낌을 살려 발표했는가?
- 개선해야 할 점: 발표에서 가장 개선해야 할 점은 무엇인가?
- 강점: 발표에서 가장 우수했던 부분은 무엇인가?

챌린지 한주 결산: WEEK 4

주간목표 달성도

이번 주에 설정한 목표 (예: 매일 10분 스피치 연습, 발음과 제스처 훈련 등)

목표의 달성 정도

달성하지 못한 부분과 이유

스피치 연습 기록

총 연습 시간

연습 주제

어려웠던 점(발음, 문장 구성, 긴장감 등)

개선해야 할 점

새롭게 알게 된 점

스피치 관련 이론이나 기술

나에게 맞는 연습 방법

나의 성장과 변화

스피치의 변화된 부분

가장 기억에 남는 순간

다음 주 목표

스피치 스타일링 4주 챌린지, 마침표를 찍으며

4주 동안 스피치 스타일링 챌린지에 함께하며 열정을 불태운 당신. 떨리는 마음으로 처음 카메라 앞에 섰던 순간, 그리고 매주 주어지는 과제에 맞춰 스피치를 준비하던 설렘, 그리고 마침내 완성된 매력적인 스피치를 마주할 때의 짜릿함까지. 그 모든 순간들이 당신의 성장을 이끌어 냈다. 이제 당신은 더욱 자신감 있는 모습으로 세상 앞에 나설 준비가 된 것! 한편의 작품을 완성한 스스로에게 격려와 응원의 박수를 보내도록 하자.

♠ 챌린지 기간 동안 가장 기억에 남는 순간이나 에피소드는?

♠ 챌린지 진행 후 변화된 모습과 성과

에필로그

이 책의 마지막 페이지를 덮는 순간, 당신은 더 이상 무대 뒤 어둠 속에 머무는 조연이 아니다. 내 안에 잠재된 빛나는 목소리를 세상에 선보일 주인공이자, 나만의 이야기를 펼쳐낼 아티스트로 거듭난 것이다.

아직은 무대 위의 낯선 조명과 쏟아지는 시선이 어색할 수 있다. 어떤 옷을 입고, 어떤 이야기를 해야 할지 막막하게 느껴질지도 모른다. 그러나 걱정하지 않아도 된다. 당신은 이제 막 자신만의 막을 올렸고, 세상이라는 거대한 무대에 첫 발을 내디뎠으니까.

'스피치 스타일링'은 단순히 화려한 말재주나 기술적인 연출을 의미하지 않았다. 이는 당신의 진정한 내면을 섬세하게 표현하는 예술이자, 당신의 삶을 더욱 풍성하고 아름답게 채우는 과정이다. 당신의 목소리는 당신의 생각과 감정을 담아내는 도구이며, 당신의 개성을 드러내는 옷이다. 그리고 당신의 이야기는 세상이라는 넓은 무대 위에서 펼쳐질 감동적인 스타일이다.

필자는 당신만의 색깔을 발견하고, 그 색을 세상이라는 캔버스 위에 자유롭게 펼치는 방법을 안내했다. 마치 자신에게 가장 잘 어울리는 옷을 찾아 입듯, 이제 당신의 목소리는 더 이상 묻혀 있지 않을 것이다. 그 목소리는 세상과 진심으로 소통할 수 있는 강력한 도구이자, 당신의 삶을 변화시키는 마법과도 같은 존재이다.

조용한 카페에서 친구와 나누는 따뜻한 대화는 부드러운 니트와 청바지처럼 편안한 목소리로 표현될 것이다. 중요한 발표 자리에서는 날카로운 재킷과 셔츠처럼 명확하고 힘 있는 목소리가 빛을 발할 것이며, 때로는 예상치 못한 순간에 터지는 유머가 당신의 매력을 더욱 돋보이게 해 줄 것이다.

이제 당신의 무대를 향해 당당히 나아가라. 당신의 빛나는 목소리로 세상을 가득 채우고, 당신만의 특별한 이야기와 스타일로 세상을 따뜻하게 감싸 안으라. 세상은 당신의 목소리를 기다리고 있고, 당신의 이야기에 귀를 기울일 준비가 되어 있다. 당신의 무대는 이제 막 시작됐다.

스피치 스타일링 나를 표현하는 예술

초판1쇄 발행 · 2025년 5월 20일 발행

지 은 이 · 이고운
펴 낸 이 · 유정숙
펴 낸 곳 · 도서출판 등
관   리 · 류권호
디 자 인 · 김현숙
편   집 · 김은미, 이성덕

주   소 · 서울시 노원구 덕릉로 127길 10-18
전   화 · 02.3391.7733
이 메 일 · socs25@naver.com
홈페이지 · dngbooks.co.kr

정 가 · 18,000원

- 이 책은 저작권법에 따라 보호받는 저작물이므로 무단 전재와 무단 복제를 금합니다.
- 이 책의 전부 또는 일부를 이용하려면 저자와 도서출판 〈등〉의 동의를 받아야 합니다.